Knut Waldau · Helmut Betz

Berge sind stille Meister

Knut Waldau · Helmut Betz

Berge sind stille Meister

Spirituelle Begleitung
auf dem Weg durchs Gebirge

KÖSEL

In den dunsterfüllten Niederungen
unseres täglichen Lebens haben wir
unseren Zusammenhang mit Sternen
und Sonnen vergessen.

Lama Anagarika Govinda

Einleitung

Das weiche Morgenlicht weckt mich,
ich schleiche zurück zu der Hütte und bemerke
die Schönheit der Berge.
Mir laufen die Tränen hinunter.
Meine Angst und Unrast der vergangenen Tage
ist einem Gefühl der Erschöpfung und
Gelassenheit gewichen. Das erste Licht
der Berge, wie weich, wie rötlich, welche Kraft.
Für Momente habe ich das Gefühl,
wunschlos zu sein, ich glaube,
man nennt das Glück.

Reinhard Karl

Das Gebirge ist wie ein neuer Raum. Wir treten ein und spüren eine ihm eigene Atmosphäre. Sie durchströmt diese Landschaft und erfüllt den gesamten Raum der Berge. Und wenn wir einige Zeit dort bleiben, erleben wir, dass eine Wirkung von ihr ausgeht.

Das, was in den Bergen ist, lässt sich schwer benennen. In der außergewöhnlichen Atmosphäre dieses Raumes und seiner Wege verstummen Menschen. Sie staunen und suchen nach Worten, um Blicke zu beschreiben, die sich festlegenden Begriffen entziehen, weil sie einfach fassungslos sind, zu flüssig, zu weit, zu weich. Und es ist noch nicht zu Ende geschaut. Viele dieser Bilder und Gedanken aus den Bergen wirken weiter, auch wenn der Weg schon an seinem Ende ist. Sie hören nicht auf zu fließen.

Das erste Licht der Berge. Auch nach unzähligen Touren für Reinhard Karl eine Erfahrung, die nie zur Gewohnheit wird. Und so staunt er an jenem Morgen über diese Welt, als habe er noch nie zuvor die Sonne aufgehen sehen.

Die Frage nach Gott

Es war nie leicht, als Mensch von Gott zu wissen oder gar irgendetwas über ihn denken oder sagen zu wollen. Aber es gibt Orte, an denen die Frage nach Gott, das Gebet, die Suche nach der Wahrheit aufgehoben sind – leere, stille, zeitenthobene Plätze, in funktionaler Hinsicht nutzlos, der menschlichen Verfügbarkeit entzogen. Es liegt etwas Entgrenzendes und Erkenntnisweitendes in der Atmosphäre dieser Orte.

Solch ein Raum ist auch das Gebirge. Wie weite Meere und ausgedehnte Wüsten ist es entlegen, einsam, still und in eindeutiger Weise für uns Menschen unbeherrschbar und unverfügbar. Im Unterschied aber zu diesen gleichermaßen gewaltigen Landschaften ist das Gebirge geprägt durch die vertikale Raumdimension und Linienführung. Das Unterwegssein ist eine wechselnde Bewegung in die Höhe und Tiefe, ein Durchsteigen verschiedener Vegetations- und Klimastufen im Aufstieg, im Überschreiten von Pässen und im Erreichen eines Endpunktes am Gipfel, an dem es nicht mehr weiter nach oben geht. Stärker als bei anderen Landschaften bestimmen Übergänge und Grenzüberschreitungen das Unterwegssein im Hochgebirge. Erfahrungen, die auch Lebenswege durchlaufen und begleiten.

Das Gehen in dieser Welt der Grenzen und Ausblicke verändert das Denken und Fragen. Eindringlicher als andere Landschaften vermittelt das Gebirge einen Transzendenzbezug – die Erfahrung also eines ergreifenden Wissens von der Tiefe des Seins und des Lebens. An dieser Grenze werden Menschen sprachlos, staunen, fragen und verstummen wieder. Oder sie weinen.

Was sind Bergexerzitien?

Exerzitien haben eine lange Tradition. Unter dem Begriff *Exercitia spiritualia* waren im Mittelalter Übungen gemeint, die der Vertiefung des geistlichen Lebens dienen. Neben dem Gebet, der Meditation biblischer Texte und der Auseinandersetzung mit der eigenen Lebenswirklichkeit, sind Achtsamkeit, die Erfahrungen der Einsamkeit und Stille wesentliche Elemente dieses geistlichen Weges. Es ist eine Zeit, um Raum zu schaffen, für das, was mich in meiner Tiefe bewegt: Begegnungen, Erfahrungen, Fragen, Bilder, Worte.

Exerzitien brauchen Zeit. Die klassischen ignatianischen Exerzitien dauern vier Wochen, aber schon Ignatius hat davon abweichende Formen als legitime Adaptionen vorgesehen. Bei Bergexerzitien führt dieser Weg der geistlichen Vertiefung durchs Gebirge. Das Gehen und Steigen ist ein integraler Teil der Exerzitien. Zwei grundlegende Voraussetzungen sind in den Bergen für Exerzitien gegeben:

- Im Sinne der Annahme einer wechselseitigen Bezogenheit und Einflussnahme von dem, was wir vorhaben und sind, und dem Ort, wo wir uns bewegen.
- Das tägliche Unterwegssein im Gebirge, das Steigen und lange Gehen, sind körperliche Bewegungen, die die geistige Bewegung, den Exerzitienprozess, intensivieren können.

Ein Ort für die Frage nach Gott

Dieses Buch ist für alle, die in den Bergen etwas erfahren haben, was sie bindet an diese Welt jenseits der Ebenen – eine ungekannte Tiefe, Stille, Weite, eine Nähe zum Leben, vielleicht zu Gott. Und es ist ein Buch für alle, die das Gebirge entdecken wollen. Nicht nur die ausgewiesenen Gipfel und bergtouristischen Sehenswürdigkeiten, sondern auch das, was ihnen auf dem Weg widerfährt. Schließlich ist es ein Begleitbuch für Gruppenleiter, die selbst Bergexerzitien oder spirituelle Bergtage anbieten wollen.

Für Bergexerzitien empfiehlt sich ein Zeitraum von mindestens fünf Tagen. Bleiben Sie nach Möglichkeit in diesen Tagen im Gebirge, und steigen Sie nicht am Ende jedes Tages wieder ins Tal ab.

Die Texte dieses Buches eignen sich selbstverständlich auch als Begleitung auf kürzeren Touren in den Bergen. Oft ist schon ein langer Tag im Gebirge eine sehr eindrückliche Erfahrung. Für einen Exerzitienprozess aber braucht es mehr Zeit als einen Tag.

Sie können Bergexerzitien allein oder in einer Gruppe durchführen. Beides ist gut möglich und hat seinen je eigenen Charakter. Sind Sie allein, ist der Weg durchs Gebirge weit stärker noch als das Unterwegssein in der Gruppe geprägt durch Erfahrungen von Ausgesetztsein, Tiefe, Stille, Weite, Einsamkeit, vielleicht auch Angst. Diese Form von Bergexerzitien ist eine herausfordernde Grenzerfahrung. Sie sollten sich vor Aufbruch genau überlegen, ob Sie sich dieser intensiven Einsamkeitserfahrung aussetzen wollen und wie Sie im Falle eines Unfalls schnell Hilfe bekommen können. Es empfiehlt sich, einen nicht allzu abgelegenen Weg zu wählen.

Ob Sie bei Bergexerzitien diesen Raum in den Tagen des Gehens als voll, leer, faszinierend, furchterregend, weit, eng, verletzend oder heilend erleben, bleibt offen. Und ebenso, ob und wie in diesen Tagen auf die immer wieder verändert auftauchende Frage nach Gott eine Antwort gefunden wird. Eine Erfahrung kann nicht vorherbestimmt, willkürlich initiiert oder gar erwartet werden. Wir bestimmen nicht Weise, Ort und Zeit einer Erfahrung, sie widerfährt uns vielmehr.

Durchs Buch

Das folgende Kapitel bildet den Hauptteil des Buches. Wir haben für unseren Weg durchs Gebirge zehn Themen ausgewählt. Es sind Orte und Stimmungen, die wir mit der besonderen Atmosphäre in den Bergen verbinden. Jedem Abschnitt vorangestellt ist ein ausgewählter Text, der in das Thema einführt. Sollten Sie selbst als Leiter Bergexerzitien für eine Gruppe veranstalten, finden Sie zudem weiteres Textmaterial in den einzelnen Abschnitten.

In vielen dieser zehn Teile gibt es zudem eine Anregung für eine meditative Übung zum Thema. Es handelt sich hier um einen Vorschlag; vielleicht finden Sie auch ganz andere Wege, auf denen Sie ein beschriebenes Thema auf sich wirken lassen können.

Vier Vorschläge für jeweils fünftägige Touren und Anregungen zu praktischen Fragen finden Sie im Kapitel *Praxis unterwegs*.

Wir haben diese Texte auch zur Begleitung für unterwegs zusammengestellt. Nehmen Sie das Buch also mit, wenn Sie in den Bergen unterwegs sind. Gehen Sie mit diesem Buch. Sie werden andere Entdeckungen machen als bei der Lektüre zu Hause.

Der Weg durchs Gebirge

Gehen

Wir interpretieren unser ganzes Leben immer wieder am Leitfaden der ursprünglichen, urtümlichen Erfahrung unseres alltäglichen Gehens. Wir gehen und wir sagen durch dieses ganz physiologische Gehen allein schon, dass wir erst noch wirklich ankommen müssen, noch das Ziel suchen und wirklich Pilger sind, Wanderer zwischen den Welten, Menschen im Übergang (...) erfahrend, dass man nicht immer dort ankommt, wohin der Gang geplant war. In dem schlichtesten Gehen, das der Gang des Wissenden und Freien ist, ist so das ganze Dasein des Menschen eigentlich schon da (...).

Karl Rahner

Aufbruch und Ankunft

Laufen und Gehen sind die elementarsten menschlichen Bewegungsformen – auch in einem existenziellen und metaphysischen Sinn. Sie führen in eine Bewegung, die uns eigen ist, wie keine andere Weise des Unterwegsseins. Wer den Ort, an dem er gerade ist, verlassen will, läuft los. Das ist einfach. Und es geht. Unvermittelt.

Im Gebirge wird das Gehen oft zum Steigen. Die Schritte fügen sich der Höhe und Tiefe des Raumes. Der Weg nähert sich seinem Ziel nur über weite Umwege. Hohe Pässe werden mühsam überquert, um jenseits weit in ein anderes Tal abzusteigen. Gipfel werden überschritten oder umgangen. Die Ziele bleiben oft lange verborgen und sind nur über sich weit windende Wege zu erreichen. Manchmal bekommt das Steigen etwas End- und Zielloses. Gerade bei langen Touren. Der Übergang, auf den der Pfad in zahllosen Serpentinen zuläuft, ist noch nicht der erhoffte höchste Punkt, von dem aus es dann endlich bergab geht.

Was ist das Ziel des Weges durchs Gebirge? Die naheliegende Antwort stimmt wohl, verweist sie doch auf den Sinn jeder zielgerichteten Bewegung: Ankommen. Aber wo?

An der nächsten Hütte vor Einbruch der Dunkelheit? Am Gipfel? Am Ende des Weges? Wieder zu Hause? Weit, weit weg?

Es ist sonderbar mit den Zielen. Am Beginn des Weges scheinen sie klar. Dann verlieren sie ihre Eindeutigkeit, verändern und öffnen sich; vielleicht für das Unerwartete, das jeden Weg begleitet, der nicht so durchgeplant ist, dass dafür kein Raum mehr bleiben darf. Dann wird das Gehen zur Gegenwart. Es dient nicht nur der Fortbewegung, um irgendwann dort anzukommen, wo es geplant ist.

Ich habe das ziellose Gehen immer sehr genossen. Wenn es sich irgendwann einstellte. Es waren Zeiten, in denen es wirklich ruhig wurde. Auch in mir. In dieser planlosen Stille hat sich manchmal etwas gerührt, das ich ganz eigen fand.

Die mythisch gefärbte altgriechische Sprache versammelt in einer eigenen grammatikalischen Verbform, dem Medium Bewegungen, in denen sich das aktive und passive Geschehen nicht voneinander lösen lassen. Auch das altgriechische Wort für ›Aufbrechen, Gehen‹ gehört zu dieser Gruppe der Verben. ›Erchomai‹ umfasst beide Dimensionen. Wer spürt, dass es an der Zeit ist aufzubrechen, geht. Neben diesem aktiven Anteil wirkt auch ein passiver. Es gibt etwas, das den Aufbrechenden in Bewegung versetzt. Sonst würde er nicht loslaufen. Ein bestimmtes Ziel, zu dem es ihn zieht. Ein unbestimmtes Gefühl, dass es doch gut sei, sich jetzt zu erheben und die ersten Schritte zu machen. Wohin auch immer. ›Erchomai‹ kann deshalb in bestimmten Zusammenhängen auch ›heimkommen‹ bedeuten. Das mögliche Ziel des Aufbruchs ist darin schon angelegt.

Ein langer Weg durch die Berge gleicht einem biografischen Prozess mit all seinen Windungen, Übergängen, einengenden und in die Weite führenden Passagen. Und auch das Gehen selbst ist eine Weise, das Leben nachzuspielen: Aufbruch und Ankunft, Initiative und Fügung, Angst und Vertrauen, Leere und Sinn, erschöpfende Schwere der Schritte und spielerische Leichtigkeit, umherirrendes Suchen und glückliches Finden. Die Analogie zum Leben gibt dem Gehen eine existenzielle Tiefe.

Aufstieg

Gehen wird in den Bergen zum Steigen. Die Landschaft verändert sich auf dem Weg nach oben. Und die Dynamik der Schritte auch. Sie werden ruhiger in der Höhe, vielleicht erschöpfter, manchmal nur tastend, wenn das Gelände abschüssig ist.

Vor dem Erreichen der Höhe geht es erst durch Wälder. Der Blick ist beschränkt auf das Naheliegende, die umgebende Landschaft versteckt, der Himmel verborgen. Das Gehen im Wald ist manchmal eintönig und geprägt von der Hoffnung auf eine Lichtung, in der sich die Blicke in die Weite öffnen können. Es kann aber auch ein Gefühl des Aufgehobenseins in der verträumten, vielleicht auch bergenden Atmosphäre des Waldes entstehen.

Auf jedem Weg in die Höhe bleibt der Wald irgendwann zurück. Der Steig erreicht die Baumgrenze. Dies ist ein besonderer Übergang. Hier beginnt das Gebirge zu wirken: die Ausgesetztheit, Schroffheit, Stille, Leere, Tiefe und Klarheit, von der diese Landschaft durchflossen ist. Nehmen Sie sich Zeit, diese Grenze zu erfahren. Der sich weitende Himmel. Die Farben und Formen. Das, was zu hören ist – und was nicht.

Atmen

Es ist wie mit allem, was wir unwillkürlich und selbstverständlich tun: Erst wenn der geläufige Rhythmus durchbrochen wird, kommt es uns zu Bewusstsein.

Unser Atem verändert sich durch das Steigen in die Höhe. Er wird schwerer, kürzer, flacher, schneller, mühsamer. Wir spüren ihn. In Zeiten der Erschöpfung ringen wir um ihn. Sein Kommen und Gehen versteht sich nicht mehr von selbst auf den steilen Steigen jenseits der Baumgrenze. Helga Peskoller hat das erschöpfte Atemholen auf dem Gipfel als einen existenziellen Zwischenzustand erfahren, in dem die Luft zum Leben dünn und kostbar wird.

> Der Gipfel ist ein Ort, an dem der Mensch ganz besonders gut hören muss. In der Stille des Gipfels hört er seinen Atem. Diese kleine Bewegung des Atmens unterrichtet aber das Große von Leben und Tod. Es ist ein Leiden, wenn der Atem aufhört und nicht aufhört. Geburt wie Tod machen sich in dieser kleinen Bewegung bemerkbar.

Das Atmen ist kein primär mechanischer Prozess zur Versorgung unseres Leibes. Es ist Ausdruck, dass wir am Leben sind. In aller Beweglichkeit, Weite, Dichte, Tiefe, Abgründigkeit und Möglichkeit, die uns darin aufgegeben ist. In der jüdisch-christlichen Tradition wird die Seele als Lebenszentrum jedes Menschen bezeichnet. Hier ruht das Leben in der ganz eigenen und unergründlichen Weise. In der zweiten Schöpfungserzählung im Buch Genesis steht der ›Odem des Lebens‹ am Beginn des lebendigen Seins.

> Da formte Gott, der Herr, den Menschen aus
> Erde vom Ackerboden und blies in seine Nase den
> Lebensatem. So wurde der Mensch zu einem
> lebendigen Wesen.
>
> *Genesis 2,7*

Auch die Seele atmet. In der großen Tradition der jüdischen Mystik wird gelehrt, dass der äußerlich erfahrbaren physischen Atemtätigkeit eine verborgene Atmung unserer Seele entspricht. Auch sie kann atemlos werden. Und sie kann leiden, wenn der große Lebensrhythmus von Fülle und Leere sie nicht mehr in ihrer Tiefe erreicht. Dann fehlen ihr die Blicke, Gedanken, Farben, Begegnungen, Bilder, Worte, die sie wirklich nähren. Und es fehlen die Zeiten, in denen sie weit ausatmen kann und dann alles wundervoll still wird.

Das Wissen, dass Gehen eine Meditationshaltung sein kann, ist tief eingewurzelt in der monastischen Spiritualität. Zwei Formen der Gehmeditation lassen sich voneinander unterscheiden.

In der ersten Form wird das Gehen selbst zum Gegenstand der meditativen Aufmerksamkeit. Vielleicht gelingt es Ihnen, den Strom der von außen einfallenden Gedanken eine Zeit lang zum Stillstand zu bringen. Kein Text, kein Wort, kein Bild wird meditiert. Nur die Bewegung der einzelnen Schritte, die – wenn es gut geht – irgendwann leicht werden kann. Es gibt einen Rhythmus, in dem Steigen und Atmen zueinanderfinden. In ihm wird aus dem Nacheinander der Schritte und Atemzüge ein Ineinander. Wir fühlen uns durchflossen von Luft und Bewegung. Oft ist das Gehen dann begleitet von dem Gefühl, etwas irgendwie Selbstverständliches und Notwendiges zu tun. Es hilft, sich die beschriebene passive Dimension des Aufbrechens zu vergegenwärtigen. Lassen Sie das Gehen mit sich geschehen. Lassen Sie die Schritte ihren Rhythmus finden. Sie müssen ihn nicht vorschreiben.

In der zweiten Form wählen Sie einen kurzen Text, den Sie sich im Gehen stumm oder leise sprechend vergegenwärtigen und ihn somit in die Bewegung einfließen lassen. Es sollten Worte sein, die Sie tief ansprechen. Von den wandernden Mönchen wurden meist Texte aus den Psalmen rezitiert. Aber auch Gedichte, die Ihnen gerade etwas bedeuten, eignen sich für diesen Weg der Meditation.

Morgengebet am 1. Tag des Jahres

Gott oder Götter, gewährt,
dass der gespannte Bogen
die Spannung bewahre
und der Flug nicht zum Gang werde,
dass kein Karren bereit sei
auf geduldigem Weg
für den Renner
und sich die Nachtigall nicht
beim Nestbau versäume.

Dass nichts schlechthin
angenommen werde
als sei es geschuldet
oder verdient
oder Sicherheit
ein fruchtbarer Wunsch.

Und gib oder gebt
dass mein Herz
so erschreckend sein bleibt.
Nehmt das Kreuz nicht
von meiner Schulter
Und stellt den Jäger für euer Reh.

Hilde Domin

Wege am Wasser

Nichts Nachgiebigeres in der Welt als Wasser
Dennoch zwingt es das Härteste.
Groß im Aufgehen
Ist es groß im Erreichen.
Nicht greifbar
Ergreift es.

Laotse

Manche Bergwege sind Erfahrungen mit den Wassern. Sie fließen einfach dort, wo sie verlaufen. Dahingleitend, fallend, stürzend in die Tiefe oder aus ihr auftauchend, sprudelnd, quellend an Orten, denen sie entspringen. Alle lebendigen Wasser sind in Bewegung, andauernd – überall. Sie strömen. Auch in Seen, die still daliegen.

Die Wasser sind im Gebirge verborgen – in ihren Tälern und Quellen, auf die wir erst treffen, wenn wir dort sind. Von Weitem sind sie nicht zu sehen. Sie liegen jenseits der großen Ziele. Und tauchen oft ungeplant auf – irgendwo am Weg.

Ich ging nie in die Berge, um am Wasser zu sein. Es schien mir fast abwegig. Das dauernd Fließende dort zu suchen, wo das bewegungslos Bleibende lebt. Manchmal aber kehrte ich mit einer Wassererfahrung von einem Gipfel zurück. Mit dem eigenartig schönen Gefühl, von Ruhe durchflossen worden zu sein, auf Wegen, die Flüssen lange folgen. Und dem Bild, dass frei gelassene Wasser sprudeln, rauschen, quellen und nie stillstehen, bis sie eingehen in ihr Meer.

Der spielende Fluss

»Der Fluss spielt.« So beschreibt der Naturphilosoph Reinhard Falter die Bewegung fließenden Wassers. Der Fluss mäandert, fließt in Bögen, die sich so weit ziehen können, dass seine Richtung aus den Augen gerät. Es ist keine zweckmäßige Bewegung, bei der es darum geht, auf möglichst direktem Weg sein Ziel zu erreichen. Es ist ein Spiel mit der Zeit und dem Raum. Das Mäandern gibt dem Fließen Zeit – und Raum, indem es den Fluss zu dem führt, was an seinen beiden Seiten ist. Wie ein Mensch, der sich zuwendet – dem ihm Begegnenden und dem Geschehen, das ihn angeht.

Falter sieht im Mäander eine Bewegung, in der sich die Grundgeste des Lebens ausdrückt. Auch die Lebensläufe von Menschen verlaufen oft über gewundene Bahnen dorthin, wo es sie hinzieht. Unabsehbar. Die Idee, dass sich das Leben vorgefassten Plänen fügt, findet sich nicht in diesem Bild. Der Fluss strömt in seine Gestalt, solange er frei fließen kann. Als Kanal wird er in eine Geradlinigkeit gezwungen, die ihm nicht eigen ist.

Manches kann nur so sein, wie es eigentlich ist, wenn es in der Bewegung bleibt und sich nicht in einer Form verfestigt. Strömende Wasser, die zu etwas anderem würden, wenn sie gerinnen. Das unaufhaltsam fließende Blut. Das sprudelnde Leben.

Der Gedanke, dass durch mein Leben eine Bewegung fließt, die in ihre Gestalt findet, wenn sie nicht gehalten wird, ist in mich eingetaucht – irgendwann auf einem weiten Weg an einem Fluss entlang, schon gegen Ende eines langen Tages in den Bergen. Seitdem begleitet er mich. Und ich nehme mir vor, wachsam zu sein gegenüber meinen Tendenzen, das, was nur fließend sein kann, halten und fassen zu wollen. Manchmal fürchte ich, dass sich das Halten- und Fassenwollen stärker ausprägen mit den Jahren, die ich älter werde. Und die lebenserfahrene Routine meinen Blick so lenkt, dass ich nur noch das bemerke, was ich zu erkennen gewohnt bin, und verstehe, was ich mir immer schon gedacht habe. Ich würde gern weiter die Farben sehen, die aus dem Leben wachsen. So, wie sie wirklich sind, nicht nur die mir schon vertrauten.

Härte und Unbeweglichkeit sind die Begleiter des physischen Sterbens. Das Sanfte, Weiche und Fließende ist Ausdruck der Lebendigkeit. Die alte chinesische Philosophie des Tao verweist darauf, dass sich in diesem natürlichen Prinzip eine elementare Weisheit ausdrückt, die auch das seelisch-geistige Leben des Menschen berührt. Im Wachsen zeigt sich immer auch die schwache, weiche und der Verletzlichkeit ausgesetzte Seite als existenzielle Erfahrung. Sie ist lebensnotwendig. Und ist nicht ein Zustand, der durch Schutz versprechende Maßnahmen verhindert werden sollte. Dem, was lebt, können wir nicht mit Härte, Sturheit und Macht begegnen, sondern in Zartheit und Schwäche.

Bei der Geburt ist der Mensch zart und schwach,
bei seinem Tod ist er fest und hart.
Bei ihrem Entstehen sind die Bäume zart und weich,
bei ihrem Sterben steif und dürr.
Also sind Festigkeit und Härte die Begleiter des Todes,
Zartheit und Schwäche aber die Begleiter des Lebens.

Aus dem Daodejing

Quelle

An Quellorten geht etwas, das uns verborgen ist, über in die sichtbare Gestalt des in ihnen entspringenden Flusses. Quellen sind Übergänge von einer unzugänglichen Tiefe zur Oberfläche, auf der wir leben. Im Hohelied der Liebe ist die Quelle eine Metapher für die Schönheit, die in der Liebe zwischen zwei Menschen zur Erfahrung wird. Sie zeigt sich und verbirgt sich zugleich in einer Tiefe, die ein Geheimnis bleibt.

> Ein verschlossener Garten ist meine Schwester Braut,
> ein verschlossener Garten,
> ein versiegelter Quell!
> Ein Lustgarten sprosst aus dir,
> Hennadolden, Nardenblüten,
> Narde, Krokus, Gewürzrohr und Zimt,
> alle Weihrauchbäume, Myrrhe und Aloe,
> allerbester Balsam,
> Die Quelle des Gartens bist du,
> ein Brunnen lebendigen Wassers,
> Wasser vom Libanon.
>
> *Hld 4,12–15*

Quellen sind schon früh als sakrale Orte verehrt worden. Etwas Grenzüberschreitendes liegt in ihrer Atmosphäre. Sie verweisen auf eine Kraft, in der sich das Sein erfrischt und erneuert, unermüdlich, in jedem Augenblick. »*Niemand kann zweimal in denselben Fluss steigen, denn andere Wasser fließen beständig nach*«, heißt es bei Heraklit.

Der tiefe Brunnen und die verborgene Quelle sind in der Religionsgeschichte verbreitete Metaphern für die Geburt neuen Lebens, die alles menschlich Machbare übersteigt. Menschen können nicht Leben entstehen und wachsen lassen. In allen religiösen Traditionen ist das ein Mysterium, das auf Gott verweist.

Die alte Kirche hat dieses metaphorische Zusammenspiel in den Ritus aufgenommen. Häufig gab es einen eigenen Brunnen mit fließendem Wasser, unter dem die Taufe gespendet wurde. Im religiösen Brauchtum sprach man dem bewegten Wasser gegenüber dem stillstehenden eine besondere, heilkräftige Wirkung zu. In einer »heiligen Nacht« (Weihnachten, Neujahr, Dreikönig, Ostern und Johanni) wurde das sogenannte Heilwag in »feierlicher Stille« um Mitternacht oder unmittelbar vor Sonnenaufgang aus einem Fluss oder Brunnen geschöpft und dann das ganze Jahr über »zum Schutz von Leib und Seele« angewendet. Das Sprudeln frei fließenden Wassers steht im Neuen Testament für eine Vitalität, die Menschen in der Begegnung mit Jesus erfahren können. Das griechische Verb ›allomai‹ bezeichnet sowohl die Bewegung des Wassers als auch die Bewegung des von seiner Lähmung befreiten Kranken. Sie springen. Auch ›allomai‹ ist ein mediales Verb (vgl. dazu das Kapitel *Gehen*), weil es ein Geschehen benennt, in dem aktive und passive Anteile zusammentreffen. Ich stürme los, wenn ich mich unaufhaltsam bewegt fühle. Das Wasser strömt, weil das Meer es zu sich zieht. Vielleicht ist es so, dass Menschen, die frei werden von dem, was sich lähmend auf sie legt, in die ihnen eigene Lebensbewegung finden – und dann losspringen, von Stein zu Stein, wie spielende Flüsse.

Des Menschen Seele gleicht dem Wasser.
Vom Himmel kommt es,
zum Himmel steigt es,
auf und nieder,
immer wieder.

Johann Wolfgang von Goethe

Stille

Die Stille der Berge
raubt einem wirklich die Sprache.
Ich schreie irgendetwas
in die Geräuschlosigkeit der Landschaft,
um mich von meinem Leben zu überzeugen.

Reinhard Karl

Ein Zustand der Fülle

Es gibt Worte, die einen Eindruck hinterlassen, der sich unmittelbar in die Tiefen des Bewusstseins einzusenken scheint, um in einem nicht bestimmbaren Rhythmus plötzlich wieder an der Oberfläche zu erscheinen. Und dann stehen wir da mit dem in unser Tagesbewusstsein eingefallenen Wissen aus der Tiefe und verstehen auf einmal augenblicklich die Welt. So ist es mir geschehen mit der kurzen Belehrung Wilhelm Meisters durch Montan in den *Wanderjahren,* die auf diese Weise in meine Erinnerung eingetaucht sind. Einmal im Roman eher überlesen, dann wiederentdeckt beim Durchblättern irgendeiner Sammlung von Dolomitentouren und seitdem immer wieder in den Dolomiten unterwegs, suchend, um die dort erwähnte, aber mir leider entfallene Stelle zu finden, an der dieser Text auf einer kleinen Holztafel am Rand eines Steiges den Wandernden einweist in die Disziplin der Berge.

Die Berge sind stille Meister
und machen schweigsame Schüler.

Johann Wolfgang von Goethe

Die Stille ist in den Bergen oft ungeheuer gegenwärtig und raumfüllend. Stille ist kein Mangel an Schall, kein Ausbleiben von Geräuschen, kein Ausdruck eines Fehlens, so wie die Dürre ein ausgeprägter Mangel an Flüssigkeit ist. Sie ist ganz im Gegenteil ein Zustand der Fülle, etwas, das einen Raum ausfüllt und sogar das Auftreten von Lauten und Tönen überdauern kann. Manchmal bleibt es still, auch wenn Geräusche kommen. In Augenblicken scheint es, als ließe sich in den Bergen diese Stille sogar hören. Dazu die schöne Beschreibung einer sonntäglichen Erfahrung dieser wundervollen Stille:

> Einige Vogelstimmen, ein Rädergerassel, ein paar Frauenstimmen steigen zu meinem offenen Fenster. Aber man fühlt die Sonntagsruhe an, ich weiß nicht welcher mächtigen Stille, die diese kleinen, nahen Geräusche umhüllt.
>
> *Amiel*

Amiels Beschreibung der Stille als umhüllend trifft sehr genau die Weise, wie auch die Stille in den Bergen erfahren wird. Sie wirkt entgrenzend, weitend und umfangend. Sie liegt über allem, leicht und mild oder auch drückend und schwer wie bei einem herannahenden Gewitter in den Bergen. Und es ist etwas Jenseitiges in ihr, eine Spur von Ewigkeit, Unendlichkeit, von unergründlicher Tiefe.

Das Entdecken dieser Stille ist eine der eindrucksvollsten Erfahrungen auf dem Weg durch die Berge.

Ewigkeit und Unendlichkeit

Ich habe mich oft gefragt, woher diese Stille kommt, die in so sonderbarer Weise den Weg durchs Gebirge begleitet. Vielleicht ist es die Lebensferne mit zunehmender Höhe, der Respekt, die Unsicherheit und die sehr unmittelbare Erfahrung des Herausgehobenseins aus dem Bereich des menschlichen Verfügungsspielraums. Mit der Höhe schwindet unser Einfluss auf das, was geschehen wird.

Vielleicht aber ist es vor allem die Nähe der Berge zum Ewigen, zum Unendlichen, die uns still und verletzlich macht. Der Gang in die Berge ist in gewisser Weise ein Gang in die Ewigkeit. Zu jenem Sein und jenem Urgrund von Leben also, das nicht einbezogen ist in das Spiel von Zufall und Veränderung, von Neugestaltung und Zerstörung. Mit zunehmender Höhe und damit entsprechender Entfernung von der kulturell gestalteten Welt der Städte und Gärten ›verewigt‹ sich die Landschaft. Das Programm der menschlichen Verfügungs- und Gestaltungshoheit über die ihn umgebende Mitwelt und Natur wird irreal mit dem Gewinn an Höhe und Tiefe im Gebirge. Der Aufstieg ist ein langsamer Übergang aus dem Bereich der verfügbaren und sich stetig verändernden Natur in die hochalpine Landschaft, in der das Tempo stillsteht. Hier ist Zeit augenblicklich und ewig zugleich. Das ist der Weg in das sonderbar Stille der Berge. Und es kann auch ein Weg in das tiefe Schweigen der Seele sein.

Da blieb wieder die allgemeine Stille der Bergnacht, jene gewaltige Stille, deren Grund dennoch ein immerwährendes, melodisches Tosen bildet, aber ein so sanftes Tosen, dass man es nicht mehr hört, sobald das geringste besondere Geräusch sich erhebt, und das

Der Weg zum Schweigen

Schweigen ist mehr als Nicht-Sprechen. Der bewusste Verzicht auf sprachlichen Ausdruck ist wohl die notwendige physische Bedingung für das Schweigen, nicht aber bereits schon das Schweigen selbst. Schweigen ist ein Zustand der Seele.

Suchen Sie die Stille und nehmen Sie sich Zeit für das Schweigen. Wichtiger noch als die Länge der Schweigezeit ist die Art des Schweigens. Versuchen Sie richtiggehend einzutauchen in die jenseitige, unergründliche Tiefe der Stille, in das Meer des Schweigens.

Wir sind oft voll von einer merkwürdig unbestimmbaren Fülle wild umherirrender Bilder, Gedankenfetzen, freier Assoziationen und Vorstellungen. Den Trappistenmönchen und vielen anderen großen spirituellen Schulen des Schweigens geht es besonders darum, dem Denken Erfahrungsräume zu öffnen. Für das, was vernehmbar ist, wenn es still wird. Auch wenn es nur eine kurze Zeit gelingt, den Strom der Gedanken zum Schweigen zu bringen. Das sind kostbare Augenblicke, die manchmal etwas Ewiges in sich haben. Der folgende nachher wieder da ist, rätselhaft und unveränderlich, wie aus weit entfernten, riesigen Kesseln her, die man nicht finden würde, wenn man sie suchte.

Ludwig Hohl

Meditationstext ist eine Einführung in diese Übung des inneren Schweigens. Sprechen Sie diesen Text langsam, stumm oder laut, und nehmen Sie sich dann Zeit für die Stille. Sie können dabei gehen oder an einem stillen Ort bleiben.

Das Meer des Schweigens

Haben Sie schon einmal aus dem Meer des Schweigens getrunken? Das Schweigen breitet sich aus – langsam und tief. Und das Schweigen wächst, wächst immer mehr in regelmäßigen Wellen, welche eine nach der anderen Ihr ganzes Wesen durchströmen: eine Welle des Schweigens gefolgt von einer anderen Welle des Schweigens, dann eine noch tiefere Welle des Schweigens. Im Anfang sind es Augenblicke, dann Minuten, dann Viertelstunden, die das völlige Schweigen währt. Im Laufe der Zeit wird das Schweigen zum immer gegenwärtigen Grundelement im Leben der Seele.

Aus »Die großen Arcana des Tarot«

Leere

Das ist keine Leere,
das ist Stille
und in der Stille ist Gott.

Romano Guardini

Wer Gott auf einem bestimmten Weg sucht,
der begreift den Weg
und verfehlt Gott, der auf Wegen verborgen ist.
Wer aber Gott ohne Weg sucht,
der erfasst ihn, wie Er in sich selbst ist;
und ein solcher Mensch ... ist das Leben selbst.

Meister Eckhart

Auftauchen

Plötzlich tauche ich wieder auf aus einem Zustand der Gedankenlosigkeit, Unbewusstheit oder – ich weiß nicht, wie ich das beschreiben soll – aus einer Art Trance vielleicht? Jedenfalls bin ich jetzt wieder ›da‹ auf meinem Anstieg. Ich nehme bewusst wahr, wie ich meine Tritte setze, wie ich atme. Ich sehe auch die Umgebung wieder klar. Wie lange war ich wohl ›weg‹ und hatte dabei meinen Weg aus dem Blickfeld verloren? Was für ein Glück, schießt es mir durch den Kopf, dass ich nicht gestolpert und gefallen bin bei all meiner Unaufmerksamkeit! Was war das gerade?

Ich habe mich heute allein aufgemacht. Ich habe die Gelegenheit beim Schopf gepackt und bin losgegangen, ohne mir noch viele Gedanken darüber zu machen, wer vielleicht noch mitkommen wollte. Möglicherweise wäre mein Elan aufzubrechen wieder erloschen, wenn nicht gleich jemand zugesagt hätte. Der Gedanke, es könnte etwas passieren und ohne Partner hätte ich keine Hilfe, kam mir nicht in den Sinn, ebenso wenig, dass es mir ohne Gesprächspartner langweilig werden könnte.

Im Gegenteil, ich genieße es, allein unterwegs zu sein.

Gerade auch jetzt, da ich wieder einmal einen solchen Moment des Auftauchens wie aus einer anderen Welt erleben durfte. Diese Augenblicke fühlen sich außerordentlich wohltuend an, auch wenn es da zuerst einen Moment fassungslosen Erstaunens und auch Erschreckens gibt.

Ganz gegenwärtig

Unabgelenkt von jemand anderem, bin ich ganz bei mir, meinem Atem, meinem Schritt. Ich ertappe mich dabei, dass ich die Schritte zähle. Gedanken fließen, Bilder kommen hoch. Der Wunsch steigt auf, jemanden bei mir zu haben. Ein Gefühl von Leere und Einsamkeit macht sich leise bemerkbar; ein wenig Trauer keimt auf.

Da, Wind streicht über mein Gesicht, sanft, ein Hauch nur. Er nimmt mich gleichsam mit, durch meinen Gedankenfluss und meine Bilderflut hindurch, hinab in eine tiefere Ebene meines Seins. Die Gedanken und Bilder bleiben zurück und verschwinden in diesem einen Augenblick, und es bleibt: Stille. Keine Gedanken mehr, keine Bilder, keine Wünsche, nur Leere und diese Stille.

Ich kann nicht abschätzen, wie lange dieser Augenblick im Diesseits messbarer Zeit gedauert hat, bis mir die Bergwelt um mich herum mit all ihren Formen und Farben, mit der Kälte des Windes oder der Hitze der Sonne oder einer windstillen Schwüle zwischen Latschen wieder in den Sinn gekommen ist. Ich bin mir aber ziemlich sicher, dass ich in diesem einen Augenblick, als ich Raum und Zeit anscheinend hinter mir gelassen habe, nicht weniger aufmerksam auf meinem Weg unterwegs war, auch wenn ich keine Erinnerung mehr an ihn habe. Was sich mir demgegenüber eingeprägt hat und nachschwingt, das ist diese tiefere Dimension meines Seins. Noch spüre ich Wärme und Geborgenheit als Nachklang dieses zeitlosen Augenblicks. Ich empfinde Leere, die nicht Einsamkeit, sondern Stille ist, eine tiefe, ruhige, durch nichts zu erschütternde Stille. Ja, sie ist der Grund meines Daseins, der mich trägt und hält.

Leben sein

Das Wort Meister Eckharts kommt mir in den Sinn:

> Wer Gott auf einem bestimmten Weg sucht, der begreift den Weg und verfehlt Gott, der auf Wegen verborgen ist. Wer aber Gott ohne Weg sucht, der erfasst ihn, wie Er in sich selbst ist; und ein solcher Mensch ... ist das Leben selbst.

Mir wird klar, dass es eine Zeit gibt, in der ich mich von der Faszination der Bergwelt um mich herum gefangen nehmen lasse, und es gibt die Zeit, in der ich mich durch sie hindurch hinab- oder hinaufführen lassen darf in eine Dimension, die wir nicht begreifen können, die aber trotzdem der Grund unseres Daseins ist. Und gerade das ist die Zeit, wenngleich nur einen Augenblick lang, in der ich mich besonders lebendig fühle, oder, wie Meister Eckhart sagt, in der ich das Leben selbst bin.

Bleiben wir einen Augenblick stehen und schauen die Bergwelt um uns herum an, bis der Blick ruhen bleibt. Nehmen wir dabei bewusst unsere Empfindungen wahr.

Schließen wir jetzt die Augen und versuchen, das Bild in unserem Geist aufscheinen zu lassen.

Lassen wir es mit jedem Atemzug tiefer in uns hineinsinken.

Vielleicht macht sich immer mehr eine Stille in uns breit, die uns erfüllt und aufatmen lässt.

Menschliche Stimmen sollen
verstummen,
menschliche Gedanken ruhen.

Nach Unbegreiflichem können sie sich
nicht in der Form des Begreifens
ausstrecken;

sie können nur daran teilhaben.

Teilhaber aber
werden wir daran sein.

Augustinus

In der Stille ist Gott

Die Fronleichnamskirche in Aachen galt in den 30er-Jahren des letzten Jahrhunderts als Inbegriff einer modernen Kirche. Im Inneren sind ausschließlich die Farben Weiß und Schwarz verwendet. Die völlig weiß verputzten Seitenwände und die weiße Altarwand, die ohne jeglichen Schmuck gestaltet ist, kontrastieren mit dem Schwarz des Natursteins von Altar und Fußboden sowie mit dem dunklen Gestühl. Die im oberen Bereich der Langseiten angebrachten bzw. im Altarbereich übereinander angelegten kleinen Fenster sind ebenfalls farblos.

Guardini schreibt dazu:

> In dieser Kirche lebt heilige Gegenwart. Ich könnte mir denken, dass einer sagt, sie sei leer. Dann würde ich ihm erwidern, er solle tiefer in sein eigenes Fühlen hineinmerken ... Vieles in uns empfindet die stille Ruhe großer, unzerstörter Flächen, die klare Weite eines nicht vollgestellten Raumes, die reine Gegenwärtigkeit einfach geformter Dinge nicht. Es will alles mit Formen, Gegenständen, Bildern gefüllt haben – gerade so, wie es das Schweigen nicht erträgt.
>
> Oder haben wir nicht vergessen, was das Schweigen ist, und dass es zum Wort gehört, wie das Einatmen zum Ausatmen? Dass frommes Schweigen tiefstes Gebet vor Gott ist und das Gebet des Wortes unmöglich wird, wenn das des Schweigens verschwindet?

Wie oft empfinden wir das Schweigen nur als Lücke! ... Ebenso steht's mit der großen Fläche, die nicht durch Gliederung aufgelöst und durch Bilder und Ornamente gefüllt wird.

Das ist keine Leere, das ist Stille!
Und in der Stille ist Gott.

Aus der Stille dieser weiten Wände kann eine Ahnung der Gegenwart Gottes hervorblühen.

Weite

Du führst mich hinaus ins Weite,
du machst meine Finsternis hell.

Gotteslob 712 / nach Psalm 18,20.29

Ein Traum überraschte mich:
Ich stehe hoch oben auf einer
nach allen Seiten steil abfallenden Bergschulter.
Mein Blick fällt über ein nach rechts sich steil
und wild auftürmendes Felskar hinweg
auf die mir gegenüberliegende,
sich schroff aufbauende Felswand.
Diese wird von einem hoch gelegenen Joch
eingeschnitten. Weiter schweift mein Blick
hinaus auf eine voralpine Ebene
und reicht bis an den Horizont.
Plötzlich durchströmt mich eine innere Ruhe
und mit ihr Melodie und Psalmentext
aus dem Gotteslob (712):
»Du führst mich hinaus ins Weite,
du machst meine Finsternis hell.«

Helmut Betz

Aufatmen

Der Alltag ist meist von ganz anderen Erfahrungen geprägt als der im Traum erlebten Weite. Es sind vielmehr einengende Verpflichtungen, von denen man sich erst mit aller Kraft losreißen muss, um endlich das tun zu können, wonach das Herz begehrt – zum Beispiel hier auf diesem Weg nach oben zu sein.

Aber wie gut und notwendig es ist, diesen Kampf durchzustehen, spüre ich bereits bei der Autofahrt hierher in dem Augenblick, als die Berge in mein Blickfeld kommen: ein erstes Aufatmen. Im Aufatmen geht mir auf, dass da einiges auf mir lastet, das mich die letzten Tage, vielleicht Jahre, eingeengt und am freien Durchatmen gehindert hat. Vielleicht geht es Ihnen ähnlich: In den sich jagenden Ereignissen habe ich es gar nicht so richtig wahrgenommen. Nun erst tauchen einzelne Erlebnisse auf, Zusammenhänge werden sichtbar, Situationen der Hilflosigkeit und Ohnmacht werden bewusst, die Hektik, etwas unter Zeitdruck erledigen zu müssen, wird nochmals präsent, das peinliche Empfinden, etwas versäumt zu haben ...

Meine engen Grenzen heißt ein Lied von Eugen Eckert und Winfried Heurich, und es trifft in diesem Moment meine Gefühlslage. »Wandle sie in Weite«, im Lied so dahingesungen, ist im Augenblick nur ein sehnsuchtsvoller Wunsch, noch nicht einmal so richtig gedacht.

Dazu ein Traum, den ich vor vielen Jahren hatte:

Ich wollte mit meinen damals sieben und zehn Jahre alten Töchtern ein paar Tage auf der Blaueishütte unter dem

Hochkalter in den Berchtesgadener Alpen verbringen und sie ans Klettern heranführen. Aber konnte ich das überhaupt verantworten? Alle Verwandtschaft hielt mich ja schon lange wegen meiner Kletterleidenschaft für verrückt. Wie kann ein vernünftiger Mensch sich nur ohne lebensnotwendigen Grund in eine so gefährliche Landschaft wie das Gebirge vorwagen, auch noch klettern und das sogar mit Begeisterung? Und dann setzt dieser Verrückte auch noch seine Kinder diesen Gefahren aus!

Da träumte ich diesen Traum – »Du führst mich hinaus ins Weite, du machst meine Finsternis hell.«

Meine Unsicherheit, ob ich nicht unverantwortlich handle, kehrte sich um in die Gewissheit, dass ich es ja gar nicht versäumen darf, meine Kinder in die Welt der Berge einzuführen. Ich muss ihnen die Chance geben, dort selbst einen Weg einzuschlagen, auf dem sie diese erfüllende Erfahrung von Weite irgendwann zutiefst überwältigt und befreit.

Lassen wir uns die nächste Wegstrecke bei unseren Überlegungen ein wenig von der Umgebung leiten. Solange noch der Wald die Sicht auf den Pfad begrenzt, lassen wir Gedankenfetzen aus unserem Alltag zu und nehmen sie einfach wahr. Achten wir auf unseren Atem. Ist es notwendig, von Zeit zu Zeit tief durchzuatmen, beinahe mit Gewalt eine innere Enge aufzubrechen, um an den nötigen Sauerstoff zu gelangen? Beobachten wir, ob die Schrittfolge und mit ihr der Atem allmählich gleichmäßiger wird, das Ein- und Ausatmen einfach geschieht, Gedankenfetzen, die kommen, von selbst wieder entschwinden.

Lassen wir uns überraschen, wenn der Wald zurückweicht, ob nicht vielleicht auch das Belastende des Lebens zurückweicht, sich entfernt, verblasst.

Lassen wir es dann auf uns wirken, wenn sich uns die Bergwelt eröffnet als steile, zerklüftete Wände, die in die Höhe drängen, sie sich weitet als tiefe, lang gestreckte Täler.

Dankbarkeit

Zerfließen wir, dehnen wir uns aus in diese Weite, in der wir aber doch ganz präsent sind.

Wir können beten: »Du führst mich hinaus ins Weite«; doch werden es vielleicht weniger die Worte sein, die das Gebet ausmachen, als vielmehr das pure Gegenwärtigsein in dieser Weite und das Gefühl einer großen Dankbarkeit, die das ganze Geschehen durchströmen.

Gott selbst kann kein Mensch gedanklich erfassen.
Und daher will ich alles, was ich denken kann, hinter mir
lassen und zum Gegenstand meiner Liebe das erwählen,
das nicht gedacht werden kann.
Denn Gott kann wohl geliebt, aber nicht gedacht werden ...
Und wenn es darum auch zuweilen gut ist, an die
Güte und Erhabenheit Gottes im Besonderen zu denken,
und wenn das auch den Geist erleuchtet und einen Teil
der mystischen Kontemplation bildet, müssen doch
solche Gedanken ... abgeworfen
und mit einer Wolke des Vergessens bedeckt
werden. Sodann musst du mit festem, freudigen Schritt
über sie emporsteigen und mit einer innigen und süßen
Liebesregung versuchen, das Dunkel, das über dir ist,
zu durchdringen.

Wolke des Nichtwissens, 14. Jahrhundert

Ausgesetztheit

Da wankte und schwankte die Erde,
die Grundfesten der Berge erbebten.

Psalm 18,8

Selbstsicherheit

In unserem oft so strukturierten Leben, in dem wir alles abgesichert wissen wollen, vergessen wir leicht, dass es nur Zufall und Geschenk ist, einigermaßen sicher leben zu können.

Wie selbstverständlich wandere ich dahin, setze meine Füße auf festen Untergrund, blinzle gegen die Sonne, um den Weg zu erkennen. Ich nehme die lichtdurchfluteten Wälder und die grell glänzenden, grau-weiß in den blauen Himmel ragenden Kalkwände und -gipfel wahr. Leichtfüßig, beinah tänzelnd, springe ich von Felsblock zu Felsblock bergauf. Ich spüre die Kraft in mir, die mich meine Schritte sicher und stabil setzen und schnell an Höhe gewinnen lässt, ich genieße die Energie, die mit jedem Atemzug einströmt.

Ich bin stolz darauf, dass ich den Berg so unbeschwert hinauflaufen und viele andere Wanderer hinter mir zurücklassen kann. Auch ausgesetzte Stellen überwinde ich schnell und ärgere mich fast über diejenigen, die mich da in meinem Bewegungsfluss hemmen. Ich ertappe mich, wie ich ihnen in Gedanken entgegenschleudere: »Wenn ihr Angst habt, dann geht halt in leichterem Gelände! Es sind einfach viel zu viele in den Bergen unterwegs, die da nichts verloren haben!«

Ich halte inne in meinem Gedankenfluss. Macht sich da Überheblichkeit bei mir breit?

Lächelnd denke ich daran, dass ich doch schon so einige unterstützt habe, ihre Angst in solchen Passagen mit schwindelerregenden Tiefblicken zu überwinden, wo man sich auch ja keinen Fehltritt leisten darf. Ich habe ihnen gut zugeredet, dass es doch ganz normal sei, hier Angst zu haben, dass das nichts anderes sei als eine ganz vernünftige Reaktion unserer Psyche, die auf die Gefahr hinweist und zur Sorgfalt auffordert. Ich konnte sie gleichsam an der Hand nehmen und ihnen zeigen, dass viel mehr an Fähigkeiten in ihnen steckt, als sie glaubten, und die ihnen ihre Angst bis dahin verborgen hatte.

Und jetzt bin ich so ungeduldig und ärgere mich über die ›Langweiler‹?

Ausgesetzt

Ich erinnere mich an eine Gratkletterei im Wilden Kaiser in Tirol, als ich steil auf unsicherem Untergrund absteigen musste, und wie ich mich ängstlich krampfhaft am Felsen abstützte, bis es so kam, wie es kommen musste. Ich stemmte mit meinem Gewicht einen Felsblock los, der über einen meiner Füße rollte und polternd in den Talgrund hinabstürzte. Ich konnte mich gerade noch abfangen. Und da saß ich nun: mit zitternden Beinen. Ich musste erst all meinen Mut zusammennehmen, damit ich mich aufraffen und weitergehen konnte. Wie so oft schon beim Bergsteigen und in meinem Leben überhaupt, hatte ich einfach nur Glück.

Im sicheren Glück dachte ich einst:
Ich werde niemals wanken.
Herr, in deiner Güte stelltest du mich
auf den schützenden Berg.
Doch dann hast du dein Gesicht verborgen.
Da bin ich erschrocken.

Psalm 30,7f.

Die Worte des Psalms erinnern mich daran, wie ausgesetzt wir doch in diesem Universum sind. Aus der astronomischen Forschung wissen wir, was für ein großer Zufall es war, dass die Sternenwelt und Leben entstehen konnte. Dass sich dann noch eine Konstellation ergeben hat, aus der sich menschliches Leben entwickeln konnte, war ziemlich unwahrscheinlich. Und welchen glücklichen Umständen verdanke ich es, dass ich so bin, wie ich bin, mit meiner Kraft und Ausdauer, mit meiner Gesundheit und dem Wohlstand, den ich habe? Und wie lange kann ich darauf vertrauen ...?

Dankbarkeit

Da ist wieder einer dieser Augenblicke, in dem mich große Dankbarkeit durchströmt. Nichts mehr ist für mich eine Selbstverständlichkeit. Natürlich habe ich auch an mir gearbeitet, dass ich so leben und genießen, so kraftvoll durch die Berge laufen kann, wie ich es tue. Aber letztlich ist es ein großes Geschenk, das ich *jetzt* habe und *jetzt* nutzen kann, das ich aber nicht für immer habe.

Genieß jeden Schritt!
Nimm bewusst wahr,
wie Deine Füße die Erde berühren.
Geh so,
als würdest Du die Erde
mit Deinen Füßen küssen.

Thich Nhat Hanh

Gehen wir einige Schritte und nehmen jeden einzelnen bewusst wahr.

Spüren wir die Erde, wie sie uns trägt, und danken wir es ihr mit Küssen von unseren Füßen. Sie ist unsere Lebensgrundlage.

Nehmen wir die Kraftübertragung unserer Muskulatur durch die Beine über die Füße auf den Boden wahr. Es ist unsere Lebenskraft, auf die wir jetzt vertrauen können.

Gehen wir ganz vorsichtig nah an die Kante eines steilen Abbruchs und setzen uns dem schwindelerregenden Tiefblick aus.

Versuchen wir aufkeimende ungute Empfindungen mit dem Ausatmen loszulassen. Wenn das nicht gelingt, nichts erzwingen oder sich bewerten, sondern zurückgehen, bis man sich wieder wohlfühlt. Dann die Entspannung bewusst wahrnehmen.

Vielleicht braucht es immer wieder einmal eine Empfindung, wie sie der Psalmist ausdrückt: »Da wankte und schwankte die Erde, die Grundfesten der Berge erbebten.« Ich spüre, wie ausgesetzt man doch in seinem Leben ist, wie brüchig Selbstsicherheit und Selbstgenügsamkeit sind.

Was ist denn der Halt, auf den ich vertrauen kann, wenn ich den Boden unter meinen Füßen zu verlieren drohe?

Nur DU!
Wo ich gehe – du!
Wo ich stehe – du!
Nur du, wieder du, immer du!
Du, du, du!
Ergeht's mir gut – du!
Wenn's weh mir tut – du!
Nur du, wieder du, immer du!
Du, du, du!
Himmel – du, Erde – du,
Oben – du, unten – du,
Wohin ich mich wende, an jedem Ende
Nur du, wieder du, immer du!
Du, du, du!

Martin Buber

Übergang

Hier ist Raum für das raumlose Reich des Hintergrunds.

C.G. Jung

Übergänge sind besondere Orte. Sie verbinden etwas, das gerade nicht übergangslos ineinander übergehen kann. Räume, Täler, Seiten eines Flusses, Phasen eines Lebens, endende Wege, Erfahrungswelten, Menschen. Das unterscheidet sie von reinen Grenzen, die unüberwindlich sein können.

Übergänge sind poröse Orte, durchlässig, offen für das, was durch sie zueinanderfinden kann, vielleicht sogar will. Denn das ist die genuine Aufgabe jeden Übergangs. Einen Weg eröffnen. Das Auffinden dieses Wegs ist allerdings nicht selbstverständlich. An manchen Grenzen stehen wir ratlos auf der Suche nach einer begehbaren Spur, die sie überwindet. Sie sind scheinbar undurchlässig.

Hermen

Seit langer Zeit gibt es im Gebirge den Brauch, entlang der Pfade Steinmänner zu errichten. Sie stehen vor allem im weglosen Gelände, an Punkten, von denen verschiedene Spuren ausgehen, und an exponierten Orten. Im Nebel sind sie wertvolle Orientierungshilfen. Ihre Tradition reicht zurück ins alte Griechenland. »*Dem Weggott Hermes waren die Wegweiser und Wegzeichen geheiligt, die entweder als einfache Steinhaufen oder als viereckige Säulen, oft mit Hermeskopf geziert, an den Straßen standen.*« Manchmal wurden auf die Steinhaufen Feigen oder andere trockene Früchte gelegt. Sie waren den Nachfolgenden eine symbolische Gabe unverhofft zugewehten Glücks.

In der Mythologie taucht Hermes in vielen verschiedenen Rollen auf. Durchgängig in allen Erscheinungsweisen ist er elementar ein Gott der Lüfte und Winde, mit Flügeln an den Füßen und Schultern. Er ist Götterbote; geleitet die Seelen, die ohne ihren Leib leicht wie die Luft sind, in das Reich der Toten; lässt Träume dem Schlafenden zuwehen; ist ein Gott eintretender glücklicher Zufälle, die unerwartet kommen und gehen wie ein aufbrausender Sturm; leitet die Wind und Wetter ausgesetzten Wanderer und Wege; ist aber auch ein Gott windiger Diebe. Hermes zeigt sich dort, wo Grenzen liegen. Räumliche, aber auch existenzielle. Und überschreitet sie. Wie der Wind.

Auch an Übergängen wurden Steinhaufen angelegt und Hermen aufgestellt. Denn es sind luftige, durchwehte Orte, an denen Grenzen porös werden. Der griechische Begriff für Übergang ist ›poros‹ und bedeutet vor allem ›die Furt‹. Der Fluss trennt das voneinander, was jenseits seiner beiden Ufer liegt. Ohne Furt manchmal unüberwindbar. Poros ist der Weg, der weiterführt. Über eine trennende Grenze hinweg. Nicht mehr zu sehen, wie es weitergeht, ist eine aporetische Situation. Bei Sokrates bildet der Weg in die Weglosigkeit den Ausgangspunkt für philosophisches Nachdenken. Der Fragende wurde von ihm aus der vermeintlichen Gewissheit heraus zunächst in die Aporie geführt.

Gute Wege finden sich. Sie werden nicht gemacht. Auf Kreta gibt es den alten Rat an die Wanderer, den Wegen zu folgen, auch wenn sie manchmal nicht zu verstehen sind in ihrem Lauf: »*Wege sind schlauer als Menschen.*«

Nach antikem Verständnis ist das glückliche Auffinden und Passieren von schwierigen Übergängen keine Leistung, die durch besondere Anstrengung willentlich erbracht werden kann. Es ist Fügung. Führung. Wir brauchen wichtige Wege nicht alleine zu finden. Vielleicht können wir es gar nicht. Sie werden uns gewiesen. Die Steinhaufen sind ein Symbol dieser Begleitung, nach der alle Wanderer Ausschau halten sollten, um sich nicht in der weglosen Weite zu verlieren.

Türen

Das Gebirge ist ein Raum der Übergänge. Sie verbinden das Polare dieser Landschaft, ihre Täler mit ihren Bergen, und prägen die Wege, die sie durchziehen. Weit in die Höhe und die Tiefe, über Joche, Pässe, die aus Tälern über Bergketten in andere Täler führen. Nur selten verlaufen alpine Pfade übergangslos.

Es tut gut, sich Zeit zu lassen in den Bergen – einige Tage und Nächte. Einfach bleiben. Und dann wieder weiterlaufen. Erst auf längeren Touren zeigt sich das Übergängliche so, dass es zu einer Erfahrung werden kann. Eine Erfahrung, die uns wirklich eingeht, irgendwann auf dem Weg, sich vielleicht einfügt in unsere Fragen, mit denen wir auch leben, wenn wir nicht im Gebirge sind. Manchmal führt uns das Begehen von alpinen Übergängen an eigene Übergänge, vor oder auf denen wir stehen. Es gibt dann Ausblicke auf dem Weg, in denen sich noch etwas anderes zeigt als die Landschaft. Begegnungen, die uns angehen. Eindrücke. Bilder. Worte. Auch wenn wir uns nicht richtig erklären können, wie sie wirken. Und was es damit auf sich hat. Reinhard Karl hat in seinem Text *Unterwegs nach Hause* von Türen geschrieben, die sich in den Bergen öffnen. Sein Bergsteigen war eine Suche nach der Erfahrung, wirklich angekommen zu sein. Endlich. Irgendwo. Nicht mehr weiterwollen zu müssen. Am Ende der Sehnsucht zu sein. In einem Frieden, der bleibt. Fraglos. Zweifellos. Der Gipfel, an dem alle Linien sich treffen und enden zugleich und alles still werden kann, weit und wunschlos. Aber Reinhard Karl spürte immer, dass er nicht bleiben konnte an diesen Orten und dass sich die Augenblicke dort nicht festhalten ließen. Er fasste diese Erfahrung in einem prägnanten Satz zusammen: »*Wirklich oben bist du niemals.*«

Auch Gipfel sind nur Übergänge. Türen, Schwellen, an denen sich manchmal Wege öffnen in unbekannte Räume. Und die Blicke ins Weite können dabei Neues, bisher Ungesehenes einholen. Berge, Täler, Pfade, Spuren. Ein Horizont jenseits des Gewohnten.

Die Berge scheinen unzählige Türen zu haben. Wenn man eine Tür öffnet, steht man vor unzähligen weiteren. Es ist unmöglich, alle Türen zu öffnen. Doch hinter jeder Tür vermutet man etwas Neues. Früher dachte ich, wenn du diesen Berg bestiegen hast, das muss das Höchste, das Größte sein, da oben auf deinem Traumberg zu sein, das Bergglück. Bei dieser immer länger dauernden Suche habe ich nur den Endpunkt im Auge gehalten. Das war die Jagd nach den schwierigsten Kletterrouten und den höchsten Bergen. Danach gab ich es auf. Das, was ich suchte, war so unantastbar wie ein Regenbogen.

Reinhard Karl

Georg Simmel hat das Gebirge als »transzendentale Landschaft« bezeichnet, weil es durchzogen ist von Grenzen und Übergängen in weit entlegene Höhen und zu verborgenen Gipfeln, die zunächst unerreichbar scheinen. Und weil er spürte, dass die Berge ihn in eine gute Ferne führen, die ungewohnte Blicke freigibt.

Mit dem Begriff ›Transzendenz‹ ist in der philosophisch-theologischen Tradition die Vorstellung einer Grenze unseres Erkennens verbunden, die sich in einem besonderen Augenblick öffnen kann. Was dann geschieht, ist eine Erfahrung, in der sich das Leben in einer Tiefe und Weite zeigt, in die hinein wir nur sprachlos überwältigt schauen und staunen können. Karl Rahner nannte diesen Blick ein *»Verstummen vor dem Geheimnis«* in der Begegnung mit dem Heiligen.

C.G. Jung verband damit einen Ort, an dem sich das Hintergründige und Tiefgründige erblicken lassen kann.

Das hohe Gebirge ist keine Landschaft, um dort lange zu bleiben. Es ist zu ausgesetzt, zu hart, zu unwirtlich in seiner Atmosphäre. Seine Gipfel sind Orte, die uns anziehen, aber an denen die Luft zum Leben zugleich auch dünn wird. Wir können auf ihnen nur eine kurze Zeit lang sein. Nicht dort ankommen. Helga Peskoller hat diese Erfahrung als Zwischenzustand des Lebens beschrieben, in dem wir eine vitale Kraft erfahren können, die stark ist und fragil zugleich:

> *Lange hält man es auf keinem Gipfel aus. Er ist, um wieder verlassen zu werden … Der Gipfel ist ein Ort, an dem der Mensch besonders gut hören muss. In der Stille des Gipfels hört er seinen Atem. Die kleine Bewegung des Atmens unterrichtet aber das Große vom Leben und Tod. Der Gipfel ist sowohl ein Ort des Lebens als auch des Sterbens … Es ist ein Zwischenzustand, der einem auf dem Gipfel widerfährt. Das Staunen.*

Es gibt Lebenserfahrungen, die an Grenzen führen, in denen wir etwas Überwältigendem begegnen – das unausweichlich ist – und nicht fragt, ob wir es wollen oder lieber nicht.

Manchmal sind diese Erfahrungen so schön, dass wir sie nur als Bewegung spüren, die uns ganz erfasst und sprachlos werden lässt. Und manchmal begleitet sie ein schwerer Schmerz, dem wir uns ausgeliefert fühlen. Dann ist Leben Suchen. Und Fragen. Nach Wegen, die es gut weiterführen – nach Menschen, deren Begegnung uns nicht loslässt, weil sie uns etwas zu sagen haben. Und zu zeigen. Nach Orten, an denen wir eine Zeit bleiben wollen – ohne dass wir genau sagen könnten, aus welchem Grund. Nach Übergängen, die irgendwo sind und weiter weisen. Sich öffnende Türen.

Gebirge

Die Übergänge der Berge. Sie prägen das Laufen und Steigen, wenn die Wege einige Tage lang dauern. Das lange Gehen hat einen anderen Charakter als die eintägige Gipfeltour. Es wird zu einem Weg durchs Gebirge hindurch, mit Morgen, Abenden und Nächten. Jeden Tag geht es ein Stück weiter. In immer neue Täler, über Bergketten, weite Almen, steile Kare und wüste Steinmeere. Einfach weitergehen. Bis der Weg an seinem Ende ist.

Zu jedem Übergang gehört eine Veränderung. In den Bergen ist es die der Landschaft und des Weges diesseits und jenseits der Passhöhe. Ein Übergang kann sanft und weich sein, aber auch so elementar, dass beide Seiten nur wenig miteinander gemeinsam zu haben scheinen. Dann beginnt oben ein neuer Weg. Weit jenseits der vertrauten Spur.

Ein paar Tage einfach durchs Gebirge laufen.
Auf die Übergänge gehen, die am Weg liegen.
Oben dann eine Zeit bleiben. Still.
Schauen, was vor Ort ist.
Ein Blick in eine Weite.
Eine Frage, die sich aus der Tiefe wühlt.
Ein Gedanke. Bild. Eine Erfahrung. Ein Wort.
Oder nichts, das sich irgendwie fassen lässt.
Unterwegs auf die Steinhaufen achten.
Manchmal etwas finden, was du auf sie legst.
An Gaben und Boten unverhofften Glücks glauben, unterwegs.
Sich begleiten und führen lassen.
Von Menschen.
Gott.
Wassern und Winden.

Knut Waldau

Gipfel

Ich bin glücklich, weil der Gipfel
das Ende des qualvollen Steigens beinhaltet.
Der Gipfel bedeutet, keinen Schritt mehr
nach oben tun zu müssen.
Ich kann es selbst noch gar nicht richtig fassen.
Mein Wissen sagt mir:
»Das ist der höchste Punkt der Erde.«
Wir machen Gipfelfotos für das Familienalbum:
Ich, der Gipfelsieger. Ich, der Übermensch. Ich,
das atemlose Wesen.
Ich, der Reinhard auf einem Schneehaufen.
Langsam kommen mir die Kälte,
der Wind und meine Erschöpfung
zu Bewusstsein. Langsam kommt
nach der Freude die Traurigkeit,
ein Gefühl der Leere:
eine Utopie ist Wirklichkeit geworden. Ich ahne,
dass auch der Everest nur ein Vorgipfel ist,
den wirklichen Gipfel werde ich nie erreichen.

Reinhard Karl

Im Augenblick da sein

Wir haben es geschafft! Der Gipfel ist erreicht. Es ist zwar nicht der Everest, den wir bestiegen haben und von dem Reinhard Karl schreibt, aber vielleicht sind unsere Empfindungen den seinen gar nicht so unähnlich.

Das Steigen, für den einen oder anderen vielleicht qualvoll, hat nun ein Ende. Ich kann auf- und durchatmen. Ich blicke um mich und schaue. Eine fantastische Bergwelt bietet sich meinem Auge dar. Habe ich einen Blick dafür? Für die Wände, Schluchten, Risse, das Grün der Täler, die vielen Gipfel, die um mich herum unverrückbar da sind. Was empfinde ich jetzt, in diesem Augenblick? Glück? Stille Zufriedenheit? Stolz? Überheblichkeit? Freiheit? Leere?

Es ist Zeit, ein Plätzchen zu suchen und sich der Stille zu überlassen. Ich nehme meinen Atem wahr. Ich atme ein, atme Lebensenergie ein. Ich atme aus, lasse zu, dass die Lebensenergie entströmt. So bin ich mit jedem Ein- und Ausatmen eingespannt zwischen dem ersten Einatmen, mit dem mein Leben begonnen hat, und meinem letzten Ausatmen, mit dem es enden wird.

Einen Augenblick fühle ich mich unserer irdischen Welt enthoben an diesem Ort, dem Gipfel, wo Erde und Himmel aneinandergrenzen. Es fehlt nicht viel und ich hebe ab, bereit, den festen Boden hinter mir zu lassen und davonzuschweben.

Ist es so, dass der Mensch im Aufstieg die Materie immer mehr hinter sich lässt?

Der Gipfel ist das Ende der Materie … Beim Aufstieg ist man der Materie entstiegen, am Gipfel würde man sie endgültig verlassen. Man hat sich im Höhersteigen von der Materie schrittweise getrennt, oben ist einem die Trennung vertraut geworden. In dieser Vertrautheit drückt sich die größte Fremde aus. Die Höhe bedeutet das Fremdwerden der Materie.

Helga Peskoller

Reinhold Messner geht noch einen Schritt weiter. Er schließt aus seinen Erfahrungen, dass dieses Gefühl der ›Entmaterialisierung‹, der Loslösung vom Ballast ›erdhafter‹ Begrenzungen nicht nur eine Grundmotivation des Bergsteigers, sondern eines jeden Menschen überhaupt ist:

Seit Jahren frage ich, warum ich immer wieder auf den Gipfel muss, zum Endpunkt. Ich denke, dass jeder Mensch zum Gipfel will, ich meine damit nicht unbedingt den Gipfel eines Berges, sondern Punkte, wo ein Ende ist, wo alle Linien zusammenlaufen und sich die Materie verjüngt, förmlich entstofflicht.

Flüchtigkeit des Augenblicks

Da bin ich wieder zurückgeworfen auf meine Frage, was mich angetrieben hat, all die Mühsal des Aufstiegs auf mich zu nehmen, um hier anzukommen, auf diesem Gipfel. Schon verblasst das Gefühl der Unbeschwertheit und Entgrenztheit. Die Erdanziehungskraft fordert als Konstante meines Lebens wieder ihr Recht und holt mich zurück auf den Boden der Tatsachen. Wir müssen wieder absteigen. Nach der Freude macht sich Traurigkeit, ein Gefühl der Leere breit.

Dieser Augenblick, die Nähe des Himmels nicht nur zu denken, sondern auch leibhaft zu empfinden, kann nicht festgehalten werden.

Wie viele ›Gipfelerlebnisse‹ meines Lebens, auf die ich entweder hart hingearbeitet habe oder die plötzlich in mein Leben hereingebrochen sind, durfte ich schon erfahren, musste sie aber genauso schnell wieder davonziehen lassen?

Reinhard Karl scheint zu resignieren, wenn er feststellt: »Ich ahne, dass auch der Everest nur ein Vorgipfel ist, den wirklichen Gipfel werde ich nie erreichen.«

Gegenwart des Ewigen

Für mich ist das kein Grund zur Resignation. Ich weiß, dass wieder ›Gipfelerlebnisse‹ kommen werden. Und: Ich staune über den Augenblick, als ich mich eingebunden erlebte zwischen Himmel und Erde. Ich sehe ihn als Zeichen dafür, dass die rein irdischen Begrenzungen überwunden werden können. Mehr noch: In diesem Augenblick offenbarte sich mir eine andere, Raum und Zeit durchwirkende und zugleich überschreitende Wirklichkeit, *eine* Gegenwart.

Der Gipfel ist mir zum Symbol für die Gegenwart des Ewigen in unserer Welt geworden, zum Sakrament des großen Geheimnisses, das allem zugrunde liegt und alles erhält.

Guter Gott,

ich danke für die Kraft, mit der ich den Aufstieg geschafft habe.
Staunend betrachte ich die Bergwelt, die deine Herrlichkeit offenbart.
Staunend werde ich erfasst von deiner göttlichen Wirklichkeit hier auf diesem Gipfel.
Staunend spüre ich die Grenze zwischen Himmel und Erde zerfließen und fühle mich dir nahe.
Präge dich ein in mir, sodass ich in Zeiten der Resignation die Hoffnung auf neue Gipfelerlebnisse nicht verliere.

Knut Waldau / Helmut Betz

Bergnacht

O Mensch! Gib acht!
Was spricht die tiefe Mitternacht?
Ich schlief, ich schlief –
Aus tiefem Traum bin ich erwacht … –
Die Welt ist tief,
Und tiefer, als der Tag gedacht.
Tief ist ihr Weh –,
Lust – tiefer noch als Herzeleid:
Weh sprich: Vergeh!
Doch alle Lust will Ewigkeit –,
– will tiefe, tiefe Ewigkeit.

Friedrich Nietzsche

Es ist schön, in den Bergen zu bleiben. Auch über Nacht. Nach einem langen Tag, unterwegs im Gebirge, irgendwo an einem Ort, jenseits des Gewohnten. In einer Hütte am Weg. Im Zelt. Oder einfach so, ohne die Sorge, sich vor dem Himmel schützen zu müssen, im Freien.

Einem Bergtag, der auf dem Parkplatz und der Fahrt nach Hause endet, fehlt etwas. Die Nacht. In die hinein er eingehen und in einen neuen Morgen übergehen kann. Es fehlt diesem Tag die Erfahrung, wie das ist. Und diese Erfahrung kann einen tiefen Eindruck hinterlassen.

Der nächtliche Blick

Tage und Nächte bilden die polaren Seiten des einen Ganzen unserer Zeit im täglichen Rhythmus. Wir leben in diesen beiden großen Zeiten des Tages. Auf ganz verschiedene Weise: aktiv, planend, gestaltend, im wachen Zustand des Bewusstseins am Tage. Sich aus den Augen verlierend, einem träumend intuitiven Erkennen hingegeben, in der Nacht. Nur beide Zeiten zusammen bilden die Wirklichkeit eines ganzen Tages. In jeder dieser Zeiten zeigt sich etwas, das in der anderen verborgen bleibt. Es gibt Erfahrungen, die uns zugänglich sind, wenn wir unsere Umgebung mit vollem, wachem Bewusstsein wahrnehmen. Und andere, die sich nur dem nächtlichen Blick zeigen können. Nietzsche beschreibt den Blick in seinem Gedicht am Anfang des Kapitels. Und er gibt ihm einen Ort: die Tiefe. Eine Zeit: die Mitte der Nacht.

»Nachts sind alle Katzen grau«, heißt es in der bekannten Redewendung über die Eigenart des Erkennens bei Nacht. Es erfasst nur ungenau oder bei weitgehender Dunkelheit gar nicht die äußere Erscheinung der Dinge. Der Blick in die Nacht fängt nicht deren Formen und Farben ein wie der am Tag. Wir werfen ihn in das Unbestimmte, Unfassbare, in dem die einzelnen Konturen verschwimmen und alles grenzenlos ineinander überzugehen scheint. Bäume, Berge, Himmel. In der fehlenden Schärfe und Präzision kann sich etwas anderes zeigen. Etwas, das da ist, auch wenn es nicht erscheint. Eine Stimmung, etwas, das im Raum, in der Landschaft ist, ohne dass wir es genau zuordnen oder benennen könnten. Eine Ahnung, ein Bild, ein Traum, eine Begegnung, ein Eindruck, der sich nicht verflüchtigen will, sondern lebendig bleibt – eine lange Zeit.

Es gibt solche Blicke auch zwischen Menschen. ›Nächtliche Blicke‹, die in die Tiefe gehen und sich einen Augenblick lang dort verlieren, in dem Geheimnishaften, das mit dem Leben eines Menschen verbunden ist. Manchmal – oft – immer unerwartet. Der blind machende Blick zwischen Liebenden. Der nicht Charakter und offensichtliche Eigenschaften einfängt, sondern einfach nur das Sein des anderen in seiner überflüssigen, verborgenen Schönheit – unverwechselbar, frei, unverfügbar, geheimnisvoll. Robert Spaemann hat diesen Blick aus philosophischer Sicht beschrieben:

> Die Liebe gibt der geliebten Person die Möglichkeit, Person zu sein. Und es sind die Augen des Liebenden, die diese Einzigartigkeit wahrnehmen, eine Einzigartigkeit, die mehr ist als die Kombination empirischer Qualitäten. Nicolás Gómez Dávila schreibt: »Jemanden lieben heißt den Grund verstehen, den Gott hatte, diesen Menschen zu erschaffen.« In diesem Sinne macht Liebe sehend. Ubi amor, ibi oculus (Wo die Liebe, da ist das Auge). Sie lässt den Geliebten in einem Glanz erscheinen, den niemand sonst wahrnimmt.
>
> *Robert Spaemann*

In der griechischen Mythologie ist die Liebe mit dem Schlaf und Tod verwandt. Alle drei sind Erfahrungen des Nächtlichen, die der Bewusstseinskontrolle entzogen sind. In ihnen geschieht Größeres als das, was ein Mensch aus sich heraus kann. Liebe lässt sich nicht verdienen, machen, erwerben oder durch einen Kompromiss angemessen verteilen. *»Wenn einer alles Gut in seinem Hause um die Liebe geben wollte, so gölte es alles nichts«*, heißt es im Hohelied der Liebe (Hld 8,7). Sie ist ausnahmslos Geschenk. Wir erfahren in allen drei Zuständen Grenzen, an denen das Leben aus der Fassung gerät, überfließt, übergeht in etwas Neues. Ein noch nie da gewesener Morgen nach dem Schlaf; ein wundersames Gefühl der unermesslichen Weite, Kraft und Schönheit dieses Lebens in der Liebe; ein Sein, das wir uns nicht vorstellen können im Tod. Die angemessene Haltung gegenüber dem Nächtlichen ist das Loslassen. Schlafende und Liebende vergessen sich, verlieren ihr Selbstbewusstsein – eine Zeit lang – und tauchen ein in einen Zustand, in dem alles Leben eins ist. Kurt Marti hat diese Erfahrung in seinem Gedicht ›Einschlafzeilen‹ beschrieben, das nicht weniger ein Liebeslied als ein Schlaflied ist.

Jetzt aber
gib dich
aus deinen händen
verliere dich
aus den augen
entlass dich
in deinen körper –
der wird's wohl machen.

Kurt Marti

Die nächtliche Suche

Es gibt eine große theologische Tradition der Gottessuche in der Atmosphäre der Nacht, die Mystik. Sie verweist auf die Unzugänglichkeit Gottes über gängige, nach Erscheinendem und begrifflich Fassbarem Ausschau haltenden Erkenntniswegen. Meister Eckhart formuliert dies in aller Deutlichkeit: »*Hätte ich einen Gott, den ich erkennen könnte, ich würde ihn nimmer für Gott ansehen.*«

Die Suche nach Gott ist immer ein Weg in die Nacht. Auf dem es nach mystischem Verständnis gut ist, das aus den Augen zu verlieren, was wir über Gott zu wissen glauben. Das Loslassen als gleichsam nächtliche Bewegung begleitet diesen Weg der Gottessuche. Das Loslassen von Vorstellungen, Bildern, Denkgewohnheiten. Es geht der Mystik um eine konsequente Voraussetzungslosigkeit im Umgang mit der Frage nach Gott, um die Öffnung für das Unverfügbare jeder Begegnung mit dem Heiligen. Um einen Weg zu dem Ort, der mit der Nacht verbunden ist: die Tiefe. Der evangelische Theologe Paul Tillich beschreibt den in sie geworfenen Blick als Eindruck, der uns etwas von Gott zeigen kann.

Der Name dieser unendlichen Tiefe und dieses unerschöpflichen Grundes alles Seins ist Gott. Jene Tiefe ist es, die mit dem Wort Gott gemeint ist. Und wenn das Wort für euch nicht viel Bedeutung besitzt, so übersetzt es und sprecht von der Tiefe in eurem Leben, vom Ursprung eures Seins, von dem, was euch unbedingt angeht (...). Wenn ihr das tut, werdet ihr vielleicht einiges, was ihr über Gott gelernt habt, vergessen müssen, vielleicht sogar das Wort selbst. Denn wenn ihr erkannt habt, dass Gott Tiefe bedeutet, so wisst ihr viel von ihm.

Das nächtliche Gebirge

Wie sind die Nächte im Gebirge?
Anders, immer.
An jedem Ort. Zu jeder Zeit.

Am Abend in den Bergen. Am frühen Morgen, wenn das erste Licht nah ist.
Im Gewitter. Im klaren Mond.
In traumreich durchschlafenen Nächten. Und in endlos durchwachten.
In glücklichen und traurigen, leichten und schweren.
Allein.
Unter anderen.
Als Liebende.
Aber auch gleich. In der besonderen Atmosphäre, die sich im abnehmenden Licht über Orte und Landschaften legt. Dann zeigt sich eine große Stille. Die von den nächtlichen Bergen ausgeht. Oder vom Himmel. Oder von der Dunkelheit, die alles in sich zusammenführt und die Farben und Formen auflöst.

Es ist schön, sich am Abend Zeit zu nehmen, einen Ort zu suchen, der ruhig ist – und gut. Vielleicht ein wenig abseits der Hütte. Oder einfach an einem solchen zu schlafen. Das ist in den Bergen im Süden oft gut möglich.

Ein Blick in die Nacht. In das, was einfach ist. Wenn nicht viel erscheint. Stille. Das nächtliche Licht. Das Neue, das in jeder Nacht wird. Das Nachgehende des Tages. Das, vor dem wir vielleicht ratlos stehen.

Und es ist schön, auf die Träume zu schauen. Die manchmal reich und lebendig sind in den Bergnächten. Und in denen sich zeigen kann, was am Tage nicht zu sehen ist.

In einem

Und hätt ich keine Träume,
so wär ich doch kein anderer,
ich wär derselbe ohne Träume,
wer rief mich heim?

Ilse Aichinger

Abendstimmung

Du brauchst ihn (Gott) weder hier noch dort
zu suchen;
er ist nicht weiter als vor der Tür des Herzens;
Dort steht er und harrt und wartet,
wen er bereit finde,
dass er ihm auftue und ihn einlasse.

Du brauchst ihn nicht von weither zu rufen;
er kann es kaum erwarten,
dass du ihm auftust.
Ihn drängt es tausendmal heftiger nach dir
als dich nach ihm:

Das Auftun und das Eingehen,
das ist nichts als ein Zeitpunkt.

Wo und wann Gott dich bereit findet,
muss er wirken und sich in dich ergießen;
ganz so,
wie wenn die Luft lauter und rein ist,
die Sonne sich (in sie) ergießen muss
und sich dessen nicht enthalten kann. ...

Es ist ein Augenblick:
das Bereitsein und das Eingießen ...
im gleichen Zeitpunkt, da der Geist bereit ist,
geht Gott (in ihn) ein,
ohne Verzug und ohne Zögern.

Meister Eckhart

Zur Ruhe kommen

Endlich habe ich es geschafft! Die letzte Stunde hatte ich mich nur noch so dahingeschleppt, einzig konzentriert auf das sichere Aufsetzen des Fußes, Schritt für Schritt, mit schweren Beinen nach dem langen Stapfen durch den Schnee – immer wieder eingebrochen, oft hüfttief ... Aber jetzt sitze ich vor der Hütte und noch schickt die Sonne wärmende Strahlen. Die durchgeschwitzte Kleidung ist aufgehängt, die Schuhe können trocknen, ich bin gewaschen, das Lager für heute Nacht ist vorbereitet. Fertig! Endlich entspannen! Die Anstrengung wird immer mehr zu einer bloßen Erinnerung.

Sich öffnen

Ich sitze vor der Hütte, bin einfach nur da und schaue.

Die tief stehende Sonne malt mir vor meinen Augen eine Bergwelt hin – fantastisch und faszinierend. Jedes Detail offenbart sich mir: Die Klarheit der Kontur zwischen dem saftigen Grün des Bergwaldes und dem tiefen Blau des Himmels blendet meine Augen. Fast meine ich, jedes Blatt und jede Nadel der wogenden Baumwipfel in dieser sich klar abgrenzenden Licht- und Schattenwelt zu erkennen. Jede Rinne und jede Schlucht der mir gegenüberliegenden schroffen Felswand, jeder einzelne Felsvorsprung, der düstere Kamin, die steinigen, von Wiese und einzelnen Latschen gesprenkelten, die Wand durchziehenden Bänder, jeder Zacken am steilen Grat, alles erscheint in einer gestochen scharfen Klarheit und Deutlichkeit, die eigentlich wehtun müsste, wenn da nicht das Licht der untergehenden Sonne wäre, die die schneidenden Konturen mit einer Sanftheit und Zärtlichkeit durchflutet, die guttut.

Berührt werden

Gibt es noch eine andere Tageszeit als die der Abendstimmung, in der so deutlich wird, was Meister Eckhart zum Ausdruck bringt, wenn er das Sich-Ergießen der Sonne in die Luft mit der Beziehung Gottes zum Menschen vergleicht?

Die Sonne könne gar nicht anders, als sich in die reine Luft zu ergießen – sie muss. Und die Welt, sie nimmt die Sonne im gleichen Moment auf und spiegelt sie und damit sich selbst in ihrer vollen Pracht in meinem Auge und Geist wider.

Wenn es mit der Beziehung zwischen Gott und Mensch nun tatsächlich genauso ist, wie Meister Eckhart andeutet? Dass Gott gar nicht anders kann, als sich in mich zu ergießen, wenn ich bereit bin? Fast meine ich, angesichts der durch das Licht der untergehenden Sonne in Sanftheit und Zärtlichkeit getauchten Bergwelt berührt zu werden und in mir den sanften und zärtlichen Hauch der Liebe Gottes zu spüren oder zumindest zu erahnen. Ich weiß nicht, ob es Gott ist, aber ich sitze da und fühle mich einfach nur erfüllt von dem Licht- und Schattenspiel dieser Bergwelt – und was soll ich da begreifen wollen?

Einswerden

Die Worte des Mystikers Pseudo-Dionysius Areopagita leuchten mir jetzt ein:

Denn je mehr wir zum Höheren hinstreben,
umso mehr ersterben uns die Worte
[...]
So werden wir auch jetzt,
da wir in das Dunkel eintauchen,
welches höher ist als unsere Vernunft,
nicht (nur) in Wortkargheit,
sondern in völlige Wortlosigkeit und ein Nichtwissen verfallen
[...]
Ist das Ende des Aufstiegs erreicht,
wird unsere Rede vollends verstummen
und
mit dem ganz eins werden, der unaussprechlich ist.

Pseudo-Dionysius Areopagita

Wie zur Bestätigung wird der Schatten der Sonne immer länger, bis sie endlich hinter dem Berghang endgültig abgetaucht ist. Jegliche Kontur, jegliche Farbe verschwimmt im farblosen, schweigenden Grau und Dunkel. Immer weniger lässt sich klar erkennen und beschreiben, so wie Gott der letztlich nicht definierbare, der immer ganz andere bleibt. Dionysius vermutet, dass dann das Ende des Aufstiegs erreicht sein könnte und ich mit dem ganz eins werde, der unaussprechlich ist.

Mich fröstelt! Ich spüre Wehmut. Die Faszination des Augenblicks von vorher scheint verflogen. Sehnsucht macht sich breit, noch viele solche Augenblicke in vielen anderen Gebirgsgruppen erleben zu wollen und zugleich zu wissen, wie begrenzt die Zeit ist. Zugleich rührt sich leise eine Stimme, die fragt: »Braucht es das denn?«

Das Entscheidende ist der Weg nach innen und das Sich-Auftun, und das ist überall möglich.

Unaussprechliches Geheimnis, DU

Wie gerne wollte ich den Augenblick festhalten, da ich meine,
den sanften und zärtlichen Hauch Deiner Liebe zu spüren!

Wie gerne wollte ich Dich begreifen und Sicherheit
über Dein Dasein für mich gewinnen!

Führe mich, DU, unaussprechliches Geheimnis,
durch mein Begreifen-Wollen hindurch
in die Stille Deines Gegenwärtigseins,

eins seiend mit Dir,

wo ich ohne Begreifen, aber voller Vertrauen teilhabe

an Deiner Liebe.

Helmut Betz

Praxis unterwegs

Vier Tourenvorschläge

Du Gott des Weges segne uns!

Sei du der Traum
der Sehnsucht zeugt
sei du die Kraft
die die Entscheidung trifft
sei du das Vertrauen
das sich stellt

segne den Aufbruch

behüte was ich zurücklasse
schütze das Neue das ich wage
begleite mich beim ersten Schritt

segne den Weg

gib meinen Füßen Halt
sei mir Grund
stärke Geist und Leib

Segne das Ankommen!

sei du mein Ziel
richte meine Schritte auf dich hin aus
schenk mir den Mut zur Heim-kehr in dir

Du Gott des Weges
segne uns

umgib uns mit deinem Segen
damit wir uns auf den Weg machen können
auf den Weg
zu dir und den Menschen

Andrea Schwarz

Die folgenden vier Touren eignen sich besonders gut für eine Auszeit im Gebirge und für die Durchführung von Bergexerzitien. Es sind bergtouristisch vergleichsweise sparsam erschlossene Gebiete, durch die sie führen, mit Wegabschnitten, die kaum begangen werden.

Bitte lesen Sie die skizzierten Anforderungen der einzelnen Touren vor dem Aufbruch ganz genau. Einige Bergetappen können nur von alpin erfahrenen Bergwanderern begangen werden. Alternativ dazu wird hin und wieder auf eine leichtere Variante verwiesen. Wer einen der vorgestellten Wege begeht, muss mit den im Hochgebirge möglicherweise auftretenden Gefahren vertraut sein. Mehrere Passagen auf den Touren erfordern Trittsicherheit und Schwindelfreiheit.

Im Frühsommer ist in steilen Scharten (zum Beispiel Johannesscharte in der Texelgruppe, S. 120, oder Birkkarscharte im Karwendel S. 136) mit unangenehmen Altschneefeldern zu rechnen, die unter bestimmten Bedingungen eine ernste Gefahr darstellen und umgangen werden sollten. Im Hochsommer ist schon ab Mittag mit Gewittern zu rechnen. Aus diesem Grund sind generell der Spätsommer und Frühherbst die empfehlenswerten Jahreszeiten für Wanderungen im Hochgebirge.

Das angegebene Kartenmaterial sollte unbedingt mitgenommen werden. An manchen Stellen ist die Wegführung etwas verschlungen, sodass es nicht sinnvoll ist, sich allein auf die Beschreibung und Wegweiser zu verlassen. Anhand der Karte lassen sich auch bei schlechtem Wetter oder anderen schwierigen Verhältnissen mögliche Umgehungen vor Ort angemessen planen.

Durch die Texelgruppe – ein Weg der Übergänge

Wer von Bozen nach Meran fährt, sieht die südlichen Gipfel der Texelgruppe schon von Weitem. Steil steigen sie auf aus der Stadt, den Gärten und Weinbergen im unteren Vinschgau. 2500 Meter Höhenunterschied liegen zwischen Tal und Berg. Übergangslos. Die Südhänge der Texelgruppe sind steil und trocken. Der Naturnser Sonnenberg, durch den die hier vorgestellte fünftägige Tour an den letzten beiden Tagen führt, ist eine der niederschlagärmsten Regionen im gesamten Alpenbereich. Um die Texelgruppe herum verläuft der viel begangene Meraner Höhenweg. Die anderen Steige durch diese Berge sind oft einsam. Und sie führen durch eine Landschaft, die voll von alpinen Übergängen, hohen Bergen und lebendigen Wassern ist.

Der gesamte Weg ist eine anspruchsvolle Bergwanderung, die an der Milchseescharte (zweiter Tag) und besonders im Anstieg zur Johannesscharte (dritter Tag) nur mit entsprechender Erfahrung im alpinen Gelände, Trittsicherheit und Schwindelfreiheit begangen werden kann. Für die Umgehung der Johannesscharte wird eine Variante vorgeschlagen.

Schwierigkeit: mittelschwer bis schwer
Kartenmaterial: Tabacco Nr. 04 und 11

Die Anfahrt nach Algund ist mit dem Zug bis Meran und dann mit dem Bus zum Ausgangspunkt gut mit öffentlichen Verkehrsmitteln möglich. Direkt an der Talstation der kleinen Bergbahn zur Leiteralm hält der Bus (Linien nach Vellau und Patschirns). Dort gibt es auch einen Parkplatz.

1. Tag
Algund (370 m) – Oberkaser (2130 m)

Gehzeit: 3 Stunden
(ohne Seilbahnbenutzung: 6 Stunden 30 Minuten)
Aufstieg: 800 Höhenmeter

Der Weg beginnt in Algund (370 m), nur wenige Kilometer südlich von Meran. Mit der Seilbahn geht es hoch über Vellau bis zur Leiteralm. Wer alles zu Fuß gehen will, steigt von Algund aus über den schönen alten, stellenweise steilen Weg mit der Markierung Nr. 25 vorbei am Blumenthalerhof (auch gute Übernachtungsmöglichkeit) hoch bis zur Alm. Das sind zusätzlich 1150 Höhenmeter und man geht 3 Stunden 30 Minuten. Von der Leiteralm (1522 m) aus geht es zunächst ein kurzes Stück auf dem Meraner Höhenweg Richtung Hochganghaus, dann an der Abzweigung weiter auf dem immer steiler werdenden Pfad mit der Markierung Nr. 25 zur Taufenscharte (2230 m, 2 Stunden Gehzeit ab Leiteralm). Dieser Übergang ist ein guter Ort, um eine Zeit lang zu bleiben, wenn es möglich ist. Der restliche Weg ist nicht mehr weit. Dieser Übergang ist gleichzeitig ein Grenzpunkt zwischen Berg und Tal. Nur wenige Meter jenseits der Scharte wird das Tal für die nächsten Tage nicht mehr zu sehen sein. Wir treten durch eine Tür in einen neuen Raum.

Vom Joch aus geht es 150 Höhenmeter hinab, dann auf fast ebenem Weg, vorbei an zwei kleinen Seen, zum Oberkaser (2231 m, 3 Stunden ab Leiteralm, Tel.: 0039 0473 923 488 oder Mobiltel: 0039 349 0720 957).

2. Tag
Oberkaser (2230 m) – Stettiner Hütte (2875 m)

Gehzeit: 6 Stunden 15 Minuten
Aufstieg: 1350 Höhenmeter

Der Weg an diesem Tag ist lang. Es ist deshalb empfehlenswert, nicht zu spät aufzubrechen. Auch, um die in der Stille des Morgens ausklingende Bergnacht entlang der Spronser Seen oberhalb der Alm zu erleben.

Ab dem Milchsee beginnt der mit Drahtseil gesicherte Anstieg durch die steile Rinne zur Milchseescharte (2707 m, 2 Stunden). Das Gelände wird hier deutlich alpiner. Auch dieser Übergang ist eine Tür, die einen neuen Raum öffnet.

Im Südwesten steht der fast 3000 Meter hohe Tschigat. Ein schöner Gipfel, der nach Süden ganz offen über dem großen Tal liegt. Bestiegen werden kann er allerdings nur von klettererfahrenen Bergsteigern, da er auch Stellen im II. Grad aufweist.

Unser Weg führt uns nach Norden. Hinab in den weiten Andelsboden (Nr. 40a) bis zur Andelsalm (2297 m, 3 Stunden 30 Minuten ab Oberkaser).

Dort beginnt erneut ein Anstieg bis zur zweiten großen Scharte dieses Tages (2797 m, ohne Namen, 5 Stunden ab Oberkaser) mit neuen, ungewohnten Ausblicken. Von oben scheint die Stettiner Hütte (2875 m, Tel.: 0039 0473 646789) nicht mehr weit entfernt zu sein. Aber es geht noch einmal hinunter in eine Mulde voll Geröll und dann noch 250 Höhenmeter hoch, bis der Weg wirklich an seinem Ende ist. Für diesen Tag.

3. Tag

Stettiner Hütte (2875 m) – Lodnerhütte (2258 m)

Gehzeit: 3 Stunden
Aufstieg: 250 Höhenmeter

Von der Hütte geht es zunächst zum nahe gelegenen Eisjöchl. Kurz nach dem Übergang zweigt der Weg zur Johannisscharte ab. Wer sich am vorherigen Tag beim Anstieg zur Milchseescharte bereits grenzwertig herausgefordert fühlte, sollte hier dem Meraner Höhenweg nach Westen folgen und entweder in Katharinaberg eine Unterkunft suchen oder direkt zum Pirchhof weitergehen. Der Aufstieg zur Johannisscharte ist anspruchsvoller als der zur Milchseescharte und sollte nur von erfahrenen Bergwanderern begangen werden, die ein hohes Maß an Trittsicherheit und Schwindelfreiheit mitbringen.

Kurz nach der Abzweigung kommt eine erste seilgesicherte Stelle. Der Weg fällt ab in das weite Kar unterhalb der Scharte und durchquert es. Der Anstieg führt erst über Geröll, später durch eine sehr steile, schrofig-felsige Rinne, die dank einer Eisenkette begehbar gemacht wurde. Jenseits der Scharte (2854 m, 1 Stunde 30 Minuten) ändert sich das Bild. Der steile Übergang fügt sich in ein sanftes Hochtal, durch das der Zielbach mäandert. Ihm folgt der nur direkt an der Scharte noch steile Pfad bis zur Lodnerhütte (2258 m, Tel.: 0039 0473 67367).

Das Haus liegt schön, eingebettet in die hohen Berge und umflossen von den beiden Bächen, die sich hier treffen. Ein guter Ort, um den Nachmittag dort zu verbringen, den Wassern zu folgen, an ihnen zu sitzen, schauend, schweigend.

Wen es auf einen Gipfel zieht, der kann den Blasiuszeiger besteigen (nicht schwierig, 2837 m, 5 Stunden hin und zurück).

4. Tag
Lodnerhütte (2258 m) – Pirchhof (1445 m)

Gehzeit: 6 Stunden 15 Minuten
Aufstieg: 800 Höhenmeter

Durch das Lafaistal führt der Weg (Nr. 9) von der Lodnerhütte nach Südwesten bis hoch hinauf zum Gingljoch (2938 m, 2 bis 2 Stunden 30 Minuten). Es geht lange an dem kleinen Bach entlang über Hochalmwiesen, dann über Geröll und zum Schluss bei der Suche nach dem Weg im Gelände unterhalb des Jochs durch eine fast unglaublich einsame Bergregion. Still ist es hier.

Das Gingljoch markiert eine klare Grenze zwischen innen und außen. Wir verlassen die verschwiegenen Wege, die durch die Mitte der Texelgruppe führen, und nähern uns langsam der Außenseite des Gebirges. Jenseits des Übergangs geht es weit bergab. Wir erreichen die Moaralm (2095 m, 4 Stunden ab Lodner Hütte) und folgen weiter dem Weg Nr. 10 über Dicker Alm zum Dickhof (1709 m, 4 Stunden 30 Minuten), wo wir auf den Meraner Höhenweg treffen. Immer mehr Wanderer begegnen uns. Aber der Weg bleibt schön. Weit oberhalb des auslaufenden Schnalstals führt er weiter absteigend bis zum Linthof (1464 m). Dort wendet er sich nach Osten und überquert den trockenen Naturnser Sonnenberg mit seiner stellenweise nach tiefem Süden duftenden Vegetation auf der Höhe von 1400–1500 Metern in leichtem Auf und Ab. Knapp zwei

Stunden sind es vom Dickhof bis zum Pirchhof (1445 m, Tel.: 0039 0473 667812 oder Mobiltel.: 0039 348 85014145), einem schönen Agriturismo in aussichtsreicher Lage.

5. Tag
Pirchhof (1445 m) – Algund (380 m)

Gehzeit: 4 Stunden 30 Minuten
Aufstieg: 250 Höhenmeter

Wir folgen dem direkt am Hof vorbeilaufenden Meraner Höhenweg weiter Richtung Osten, ein stiller, schöner Steig durch den Sonnenberg, jetzt am Morgen. Es geht über Stufen hinab zu einem Bach und dann etwa 200 Höhenmeter nach oben zum Hochforch (1555 m). Einen halben Kilometer bleiben wir noch auf dem Höhenweg, der hier über eine asphaltierte Straße führt, dann nehmen wir den Pfad mit der Markierung Nr. 25 Richtung Tal bis zum Gruberhof (1121 m). Der Markierung Nr. 39 folgend geht es über den Winklerhof (682 m) bis in die Ortsmitte von Patschirns (618 m). Dem Weg 10a folgen wir über Köstenwaldele nach Oberplars und ab hier in etwa 20 Minuten zur Talstation des Algunder Sessellifts.

Der Weg heute, am 5. Tag, ist anders. Es fehlt ihm die alpine Ausgesetztheit der Landschaft, die Stille, die das Gehen an den vorherigen Tagen begleitete. Das Leben zeigt hier im Tal, wie ungemein üppig es sein kann. Ganz anders als im Hochgebirge. Es ist diese Polarität, die überfließende Fülle und die transzendente Fragilität des Lebens, die mich immer wieder hierhin zieht. Durch beides zu gehen. In beidem zu sein. Das macht diesen Weg so außergewöhnlich.

Über dem Virgental – karg und weit

Unser Tourengebiet in Osttirol gehört in den Österreichischen Zentralalpen zu den Hohen Tauern. Hauptgesteinsart ist der Gneis. Häufig muss man mit brüchigem Gestein rechnen. Unsere Tour ist gletscherfrei. Nur beim Aufstieg auf die Weißspitz (3300 m) streifen wir das Garaneberkees (Gletscher). Hier eröffnet sich uns der fantastische Blick über die Gletscherwelt rund um den Großvenediger. Die Wege zu den benachbarten Hütten sind relativ kurz (bis zu 3 Stunden 30 Minuten), sodass sich Gipfeltouren zusätzlich anbieten.

Schwierigkeit: mittelschwer bis schwer (Tulpspitz); Klettersteig auf die Rote Säule kurz, aber bis D/E
Karte: Alpenvereinskarte Nr. 36 (Venedigergruppe)

Die Anfahrt mit dem Auto erfolgt von Norden über den Felbertauerntunnel nach Matrei in Osttirol, vom Süden über das Pustertal, dann ins Virgental nach Prägraten und Hinterbichl. Von dort zum Parkplatz Wiesenkreuz im Dorfertal.

Mit öffentlichen Verkehrsmitteln ist Hinterbichl im Virgental auch mit Bahn und ÖBB-Postbus zu erreichen.

1. Tag
Parkplatz Wiesenkreuz im Dorfertal (1484 m) – Johannishütte (2121 m)

Gehzeit: ca. 2 Stunden
Aufstieg: ca. 650 Höhenmeter

Vom Parkplatz Wiesenkreuz (1484 m) geht man auf dem Fahrweg, teilweise auch auf einem ausgeschilderten abkürzenden Wanderweg das Dorfer Tal taleinwärts zum Gumbachkreuz (1991 m) und weiter zur Johannishütte (2121 m, Tel.: 0043 4877 5150).

2. Tag
Johannishütte (2121 m) – Sajatscharte (ca. 2750 m) –
Sajathütte (2575 m) – Kreuzspitz (3164 m) – Sajathütte (2575 m)

Gehzeit: ca. 7 Stunden
Aufstieg: ca. 1250 Höhenmeter

Wir folgen ostwärts von der Johannishütte dem ausgeschilderten Weg in einigen Serpentinen bis zu einem markanten Steinmännchen. Über Almweiden geht es weiter. Wir lassen die Abzweigung zur Zopatscharte hinter uns. Über Blockgelände und einen steil abfallenden Felshang erreichen wir die Schernesrinne, die durch interessante verschiedenfarbige Gesteinsformationen auffällt. Dennoch sollte man sie aufgrund der Steinschlaggefahr zügig queren und zur Sajatscharte (ca. 2750 m) aufsteigen. Der Abstieg von der Scharte ist zunächst ziemlich steil, aber mit Seilsicherung versehen. Bald erreichen wir um die Felswand der Roten Säule herum nach ca. 3–3 ½ Stunden die Sajathütte (2575 m, Tel.: 0043 4877 5369; kratzer@sajathuette.at).

Nach einer Stärkungspause auf der Hütte machen wir uns auf den Weg zur Kreuzspitze. Wir gehen zunächst ein kurzes Wegstück (ca. 250 m) zurück in Richtung Sajatscharte, wenden uns dann aber nordwärts das Sajatkar hinauf bis zum Einstieg. Der Zustieg führt uns am sichtbaren Knappenloch vorbei. Hier wurde im 15. Jahrhundert Kupfererz geschürft. Der Aufstieg erfolgt nun steil, aber durchgehend mit Stahlseilen gesichert, bis wir, zuletzt etwas weniger steil, den Scherneskopf (3043 m) erreichen. Nach etwas mehr als 100 weiteren Höhenmetern kommen wir am Gipfelkreuz der Kreuzspitze (3164 m) an (ca. 2 Stunden). Beim Abstieg müssen wir dann nochmals alle Konzentration und Trittsicherheit aufbringen, um sicher die Sajathütte zu erreichen.

3. Tag
Sajathütte (2575 m) – Klettersteig: Rote Säule (2879 m) – Oberer Saukopf (2822 m) – Sajathütte (2575 m) – Eisseehütte (2521 m) – Weißspitz (3300 m) – Eisseehütte (2521 m)

Gehzeit: 7–8 (mit Roter Säule 8 ½ – 10) Stunden
Aufstieg: ca. 1100 (1400) Höhenmeter

Für konditionsstarke Klettersteiggeher bietet sich am frühen Morgen eine der beiden Aufstiegsvarianten zur Roten Säule (2879 m) an. Sie sind zwar nur kurz, aber nicht ohne Kraftaufwand zu bewältigen. Über den Oberen Saukopf (2822 m) und damit über den Normalweg nimmt man die etwas entspanntere Route für den Abstieg (ca. 1 Stunde 45 Minuten – 2 Stunden 15 Minuten).

Von der Sajathütte (2275 m) wenden wir uns jetzt ostwärts, um auf dem Prägratner Höhenweg zur Eisseehütte zu kommen. Nach einer halben Stunde Weg über dem Virgental erreichen wir das sogenannte Binteneck mit typischer Windkantenvegetation, die nur Pflanzen wachsen lässt, die extremen Bedingungen standhalten, wie die Gämsheide. Hier bitte auf dem Weg bleiben! Mit einem letzten Blick auf die Sajathütte gehen wir weiter und wenden uns bald nordwärts, mit dem Timmeltal unter uns, nicht ohne nochmals den Blick tief ins Virgental zu genießen. Wir brauchen jetzt noch ca. 2 Stunden auf dem wild-romantischen Höhenweg über einige Bachgräben, bis wir uns an der Eisseehütte (2521 m, Tel.: 0043 680 20416985; admin@eisseehuette.at) niederlassen können.

Von der Weißspitz trennen uns jetzt 800 Höhenmeter und 2 Stunden 30 Minuten bis 3 Stunden Aufstieg. Wir wagen es und gehen etwas auf unserem Weg von der Sajathütte her zurück, biegen aber bald dem Wegweiser folgend nach rechts ab. Nach Überquerung des Timmelbaches geht es links Richtung Zopatscharte, unserem morgigen Weg. Wir wenden uns aber nach rechts nach Norden, später Nordosten und steigen über den immer karger werdenden Weg zuletzt über ein Felskar zum Wallhorner Törl auf (3045 m). Dem weiteren Weg folgen wir mithilfe von Steinmännchen. Über ein Firnfeld beim Garaneberkees kommen wir zum Einstieg auf die Weißspitz (3300 m), deren Gipfel wir in leichter Kletterei ersteigen. In Ruhe können wir jetzt die fantastische Gletscherwelt rund um den Großvenediger genießen. Nach ca. 2 Stunden Abstieg haben wir die Eisseehütte wieder erreicht.

4. Tag
Eisseehütte (2521 m) – Zopatscharte (2958 m) – Tulpspitze (3054 m) – Tulpscharte (2948 m) – Johannishütte (2121 m)

Gehzeit: ca. 4 Stunden 30 Minuten
Aufstieg: ca. 450 (550) Höhenmeter

Unser nächstes und letztes Ziel ist wieder die erste Hütte auf unserer Tour, die Johannishütte. In drei Stunden kann sie direkt auf dem Venediger Höhenweg über die Zopatscharte (2958 m) erreicht werden. Wir planen aber aus der Scharte heraus die Überschreitung der Tulpspitz (3054 m) zur Tulpscharte und von dort hinab zur Johannishütte. Wir nehmen damit einen Umweg von ca. 1 Stunde 30 Minuten in Kauf, können aber Freude am Kraxeln im oberen 1. Schwierigkeitsgrad haben. Bei Nässe und Vereisung muss man allerdings besondere Vorsicht walten lassen oder doch den sichereren Weg gehen.

5. Tag
Johannishütte (2121 m) – Parkplatz Wiesenkreuz im Dorfertal (1484 m)

Am letzten Tag nehmen wir uns nur noch Zeit für einen Stationengottesdienst und steigen gemächlich ab.

Durchs urweltliche Karwendel – wilde Schönheit

Hermann von Barth nannte es das »urweltliche Gebirg«. Und so ist es bis heute geblieben. Einige Wege wurden seit seinen Aufbrüchen in die alpine Wildnis des Karwendels vor 150 Jahren markiert und es sind Hütten gebaut worden. Aber es bleibt ein bergtouristisch wenig erschlossenes Gebirge. Mit weiten, stillen, wild schönen Wegen durch die langen inneren Täler und zu den Bergen mit ihren steilen Nordwänden und etwas zugänglicheren Südseiten.

Die hier vorgestellte fünftägige Tour durchläuft das westliche Karwendel. Sie führt über die stillen, wenig begangenen Pfade im südlichen Karwendel, auf den Halleranger mit der Quelle der Isar und über den höchsten Gipfel am vierten Tag. Es ist insgesamt eine anspruchsvolle Bergwanderung, deren Begehen gute Kondition und an mehreren Passagen alpine Erfahrung, Trittsicherheit und Schwindelfreiheit erfordert.

Schwierigkeit: schwer
Karte: Alpenvereinsblätter *Karwendel West* und *Karwendel Mitte*

Die An- und Abreise erfolgt am besten mit dem Zug. Der Ausgangspunkt, Hochzirl, und der Ort, an dem der Weg endet, Scharnitz, liegen an der Zugstrecke München – Garmisch – Innsbruck.

1. Tag
Bahnhof Hochzirl (930 m) – Neue Magdeburger Hütte (1633 m)

Gehzeit: 2 Stunden 30 Minuten bis 3 Stunden
Aufstieg: 700 Höhenmeter

Vom Bahnhof Hochzirl (930 m) der Markierung folgend geht es zunächst entlang der Bahnstrecke leicht abwärts, bis auf Höhe des westlichen Eingangs in den Martinswandtunnel der Weg in Kehren steil ansteigt und nach etwa 100 Höhenmetern in die von Zirl heraufführende Forststraße mündet. Weitere 15–20 Minuten gehen wir die Straße entlang, bis rechts der Pfad zur Magdeburger Hütte abzweigt: vorbei auf dem Steig an Sommerhäusern, durch lichten Bergwald zur Magdeburger Hütte (Tel.: 0043 (0) 5238 88790).

2. Tag
Neue Magdeburger Hütte (1633 m) – Pfeishütte (1922 m)

Gehzeit: 7 Stunden 30 Minuten
Aufstieg: 1250 Höhenmeter

Für die heutige achtstündige Tour empfiehlt sich ein früher Aufbruch. Denn vor allem das kaum begangene Wegstück bis zur Seegrube ist einsam und lang.

Von der Hütte aus steigen wir 150 Höhenmeter bis zu einer Weggabelung ab. Wir folgen dem oberen Steig mit der Markierung 220. Er führt hinab bis etwa 1200 m, dann über den Krummen Steig zum Jagdhaus Klammegg (1432 m). Hier verlassen wir den weiter talwärts führenden Weg 220 und nehmen den nach oben steigenden Pfad zur unbewirtschafteten Aspachhütte (1554 m).

Nun geht es nicht auf dem steilen Anstieg in Richtung Hohe Warte/Kleiner Solstein weiter, sondern über den den Hang querenden Durraschsteig bis zum Achselboden (1634 m) und von dort folgen wir den Wegweisern zur Seegrube (1900 m, 4 Stunden 30 Minuten ab Magdeburger Hütte).

Nach der Bergstation verläuft der weitere Weg zunächst ein Stück über den Anstieg zum Hafelekar, dann am Beginn der Serpentinen die direkte Aufstiegslinie verlassend nach Osten zum Gleirschjöchl (2200 m). Von dort geht es in schönem Auf und Ab nur knapp unterhalb der südlichen Karwendelkette entlang über dem Goetheweg zur Pfeishütte (Tel.: 0043 (0) 664 914 84 34).

3. Tag
Pfeishütte (1922 m) – Halleranger Alm (1760 m)

Gehzeit: 3 Stunden 30 Minuten
Aufstieg: 450 Höhenmeter

Von der Hütte geht es zum Stempeljoch (2215 m, gut 1 Stunde). Ein Übergang mit zwei ganz unterschiedlichen Seiten. Der sanfte Zugang von der Pfeishütte geht oben über in die wilde Ostseite, durch die sich ein Steig tastet, der sich von oben aus gesehen in der Steilheit des Geländes haltlos zu verlieren scheint. Aber es gibt einen Weg. Und er ist gangbar. An Drahtseilen entlang führt er von der Scharte aus durch Geröll und über kurze felsige Passagen die 250 steilen Höhenmeter hinab.

Die weitere Route folgt dem Wilde-Band-Steig, der auf einer Höhe von 1900 bis 2000 Metern die Südflanke des Großen Lafatscher quert und zum zweiten Übergang des Tages leitet, dem Lafatscher Joch (2081 m). Es liegt eingebettet zwischen Lafatscher und Speckkarspitze. Ein schöner Ort, um hier eine Zeit lang zu bleiben.

Dann geht es in 45 Minuten hinab auf das ausgedehnte Almgelände des Hallerangers. Die Alm (Tel.: 00 43 (0) 6 64 10 55 95 55 liegt 300 Meter nordöstlich der Alpenvereinshütte mit schöner Aussicht auf einem Wiesenhügel. Nur wenige Meter von der Alm entfernt entspringt die Isarquelle. Es geht den Hügel hinab zur kleinen Brücke über den Lafatscher Bach, dann dem Bachlauf folgend etwa 200 Meter entlang des kleinen Steiges. Auf einem Felsblock steht *Isarquelle*.

Die Tour des heutigen Tages ist kurz. Es bleibt Zeit am Nachmittag, um auf einen der beiden Gipfel zu steigen. Die Sunntigerspitz (2321 m) im Norden oder im Süden der Alm die Speckkarspitze (2621 m; der Aufstieg führt im Gipfelbereich durch steiles Schrofengelände mit Kletterstellen im 1. Grad und sollte nur von sehr erfahrenen Bergwanderern begangen werden). Oder wir bleiben an den sich um die Quelle ausbreitenden Latschen sitzen oder laufen durch die Wiesen oberhalb zum Überschalljoch, wo noch weitere Quellen verborgen liegen.

Wer nur vier Tage hat, kann am nächsten Morgen über diesen Übergang in das faszinierende Vomper Loch absteigen und in ihm 7 Stunden auf einsamsten Wegen gehen, durch eine Landschaft, die eine gewaltige Schönheit umgibt.

4. Tag
Halleranger Alm (1760 m) – Karwendelhaus (1771 m)

Gehzeit: 7 Stunden 30 Minuten (mit Gipfel: 8 Stunden 30 Minuten)
Aufstieg: 1450 (1550) Höhenmeter

Der zweite lange Tag. Auch heute ist es gut, früh aufzubrechen. Der südseitige Aufstieg zur Birkkarscharte ist lang.

Vom Halleranger in eineinhalb Stunden direkt abwärts zur Kasten Alm (1210 m). Von hier nur ein kurzes Stück weiter auf der Forststraße Richtung Scharnitz, dann zweigt rechts der Steig zur Birkkarscharte (2655 m) ab. Durch das Kar geht es insgesamt über fast 1500 Höhenmeter ununterbrochen nach oben bis zum Joch (5 Stunden 30 Minuten ab Halleranger).

Im oberen Teil wird der Weg steil. An einigen abschüssigen Stellen hängt ein Drahtseil. Von der Scharte aus ist es nicht weit zur Birkkarspitze (2749 m), dem höchsten Punkt im Karwendel. Auf einem drahtseilgesicherten Steig geht es über zwei kurze, einfache Kletterpassagen (Schwierigkeitsgrad 1) in einer halben Stunde zum Gipfel. Hier ist alles weit. Und offen.

Der weitere Abstieg durch das Schlauchkar ist im oberen Bereich, direkt unterhalb der Scharte, noch steil und läuft dann nach unten hin aus in das große Geröllfeld am unteren Ende des Kars. Der Weg führt zunächst durch Latschen, dann über eine letzte felsige Steilstufe zum Karwendelhaus (1753 m, Tel.: 0043 (0)720 983554)

5. Tag
Karwendelhaus (1771 m) – Scharnitz (964)

Gehzeit: 4 Stunden
Aufstieg: 50 Höhenmeter

Der letzte Tag der Karwendelrunde führt aus den Bergen hinaus. Schön langsam, durch das weite, offene Karwendeltal. Immer wieder am Wasser entlang. Auch wenn es lange Zeit über die im Tal verlaufende Forststraße geht, ist dieses Stück kein bloßes Nachspiel, das an die Tage auf den alpinen Steigen, hohen Übergängen und Gipfeln nur noch angehängt ist. Dieser Weg ist anders. Er lässt dem Gehen freien Lauf. Und er gibt Zeit für die unterwegs gesammelten Bilder. Und für die aufgetauchten.

Von der Hütte aus geht es durch das Almgelände bergab, dann im Wald auf dem markierten Weg Richtung Scharnitz, bis der Pfad auf die Forststraße trifft. Auf ihr laufen wir weiter durch das Tal. Hinter der (seit 2012 leider unbewirtschafteten) Larchet Alm ist der Fluss ruhig und es gibt schöne Stellen, um hineinzusteigen und am Ufer zu liegen. Bevor die Straße auf den letzten Kilometern nach Scharnitz noch einmal spürbar abfällt, zweigt rechts ein kleiner Steig in den Wald ab, der direkt hinunter zum Bahnhof führt.

Durchs Rätikon – ein langer Weg

Wir sind im Rätikon unterwegs, im westlichsten Teil der nördlichen Kalkalpen, und umrunden dabei die mächtigen und eindrucksvollen Gebirgsstöcke von Sulfluh, Drusenfluh und Kirchlispitzen mit einem Abstecher auf den höchsten Berg des Rätikons, die Schesaplana (2964 m). Über ihre Gipfel und den Grat verläuft die Grenze zwischen dem österreichischen Bundesland Vorarlberg und dem Schweizer Kanton Graubünden. Wir bewegen uns auf überwiegend gut markierten Wegen, und die Übergänge und Gipfelanstiege sind technisch in der Regel nicht sehr anspruchsvoll, wenngleich wenige absturzgefährdete Stellen zu überwinden sind (Gamsluggen, Einstieg zur Sulzfluh), die aber mit Drahtseilen gesichert sind.

Schwierigkeit: mittelschwer (die Gesamttour zur Schesaplana ist konditionell schwer – ca. 1720 Hm, 8–9 Stunden Gipfelanstieg muss aber nicht erfolgen)
Karten: Landeskarten der Schweiz 1157 (Sulzfluh) und 1156 (Schesaplana)

Die Anfahrt mit dem Auto erfolgt, entweder aus Richtung Bregenz oder Innsbruck kommend, bis zur Autobahnausfahrt Bludenz-Montafon und dann weiter auf der B 188 nach Tschagguns. Von dort geht es weiter nach Latschau und zum Staubecken, dort links Richtung Lindauer Hütte. Bald findet sich auf der rechten Seite ein Parkplatz am Beginn des Gauertals.

Öffentlich kann man mit der Montafonerbahn von Bludenz nach Vandans im Montafon fahren oder auch mit dem Bus zur dortigen Talstation der Golmerbahn. Mit dieser hinauf nach Latschau. Am See geht man entlang bis zum Staubecken und weiter zum Parkplatz (ca. 10 Minuten).

1. Tag

Parkplatz Latschau (ca. 1025 m) – Lindauer Hütte (1744 m)

Gehzeit: ca. 2 – 2 Stunden 30 Minuten
Aufstieg: ca. 720 Höhenmeter

Vom Parkplatz aus folgt man den Wegschildern zur Lindauer Hütte. Bald geht die Teerstraße über in einen breiten Wirtschaftsweg, den man ab und zu beim Aufstieg abschneiden kann. Insgesamt gemächlich zieht er, immer wieder mit Blick auf die eindrucksvollen Wände von Sulzfluh, Drei Türme und Drusenfluh, hinauf zur Lindauer Hütte (Tel.: 0043 (0)664 503 34 56; lindauerhuette@aon.at).

2. Tag

Lindauer Hütte (1744 m) – Öfapass (2291 m) –
Schweizertor/Zollw. Hütte (2155 m) – Verajöchli (2330 m) –

Lünersee (ca. 1970 m) – Totalp Hütte (2381 m) – Schesaplana (2964 m) – Totalp Hütte (2381 m)

Gehzeit: ca. 8–9 Stunden (ohne Gipfel ca. 5–6 Stunden)
Aufstieg: ca. 1720 Höhenmeter (ca. 1130 Hm)

Wir verlassen die Lindauer Hütte auf markiertem Weg Richtung Öfapass. Dabei passieren wir bald die Obere Sporaalpe (1739 m), unseren tiefsten Punkt an diesem Tag, und einen kleinen See, der zur Morgenmeditation einlädt. Weiter geht es, bald kontinuierlich ansteigend, etwas oberhalb des Baches und am Sporentobel vorbei hinauf zum Öfapass (2291 m). Dabei ragt links von uns die Kette der Drusenfluh empor (knapp 2 Stunden). Vom Öfapass steigen wir ab, lassen nach ca. 15 Minuten das Schweizer Tor links von uns liegen und gehen an Zollw. Hütte (2155 m) vorbei hinauf zum Verajöchli (2330 m, 45 Minuten). Der Rossberg verstellt uns noch den Blick auf den Lünersee. Zwischen ihm und den Wänden der Kirchlispitzen steigen wir westwärts und wenden uns bald nach Norden. Nach ca. einer halben Stunde erreichen wir die Lünerseealpe (2000 m) und das Ufer des Lünersees (ca. 1970 m). Wir schlagen den Weg links um den Lünersee herum ein. Nach ca. gut einer halben Stunde geht links der Pfad hinauf Richtung Totalp Hütte (2381 m), die wir nach ca. 1 Stunde 30 Minuten erreichen.

Nach einer Stärkung kann noch die Schesaplana bestiegen werden. Bei Schnee und Nebel ist der Weg allerdings nicht einfach zu finden und mit ›Verhauern‹ von Vorgängern im Schnee, die einen auf die falsche Fährte leiten können, muss gerechnet werden. Zunächst mäßig, dann immer steiler an-

steigend erreichen wir einen Kessel, der im oberen Teil nach links gequert wird. Nach einer Steilstufe erreichen wir den Gipfelaufbau und steigen rechts hinauf dem Kreuz entgegen (2964 m, ca. 1 Stunde 30 Minuten – 2 Stunden). Zurück geht es auf dem gleichen Weg zur Totalp Hütte (Tel.: 0043 (0) 664 2400 2605; info@totalp.at; ca. 1– 1 Stunde 30 Minuten).

3. Tag
Totalp Hütte (2381 m) – Gamsluggen (2378 m) – Punkt 2096 m – Cavelljoch (2239 m, unterhalb Schweizer- und Drusator vorbei) – Carschinahütte (2236 m)

Gehzeit: ca. 5–6 Stunden
Aufstieg: ca. 500–600 Höhenmeter

Von der Totalp Hütte (2381 m) queren wir in ca. einer halben Stunde die wild-romantische, karstige Totalp hinüber zur Gamsluggen (2378 m), unseren ausgesetzten Übergang (Stahlseile) auf die Südseite unserer Tour. Immer wieder eröffnet sich uns der Blick hinab auf den von Bergen eingerahmten, verklärt im frühen Sonnenlicht aufstrahlenden Lünersee und der Weg vom Vortag vom Verajöchli herunter ist zu erahnen.

Nach einem kurzen, steilen Abstieg beginnt unser langer Höhenweg zuerst unter den Kanzelköpfen hinab auf 2096 m, dann über mit Felsen durchsetzten Blumenwiesen hinauf aufs Cavelljoch (2239 m, ca. 1 Stunden 15 Minuten). In schöner alpiner Landschaft steigen wir in ca. 45 Minuten auf die Höhe von 1950 m ab, gehen an der Abzweigung zum Schweizer Tor vorbei und uns nach Süden wendend unterhalb der Drusenfluh in einer knappen Stunde hinauf auf einen Höhenzug (2150 m). Dem Weg folgend, im leichten Auf und Ab weitere 100 Hm gewinnend erreichen wir, unterhalb des Drusatores vorbei, in knapp 1 Stunde 30 Minuten die Carschinahütte (2236 m, Tel.: 0041 (0) 79 418 22 80; info@carschina.ch).

4. Tag
Carschinahütte (2236 m) – Gemschtobel (ca. 2150 m) – Sulzfluh (2817 m) – Tilisunahütte (2208 m)

Gehzeit: ca. 4 Stunden 30 Minuten
Aufstieg: ca. 700 Höhenmeter

Von der Carschinahütte (2236 m) wenden wir uns zunächst Richtung Osten, dann nordwärts, lassen den Abzweiger zum Klettersteig auf die Sulzfluh links liegen und nach Querung eines Schneefeldes überwinden wir auf ca. 2150 m Höhe nach ca. 45 Minuten eine senkrechte Wandstufe über einen gesicherten Steig, der uns hinauf in den Gemschtobel führt. Durch diesen geht es von Osten nach Westen stetig bergauf, zunächst unterhalb des Gipfels der Sulzfluh vorbei, dann links auf den Westgrat und über diesen zum Gipfelkreuz (2817 m, ca. 2 Stunden).

Der Abstieg zur Tilisunahütte verläuft zunächst den gleichen Weg zurück bis zum Abzweiger in den Gemschtobel hinein. Hier bleiben wir aber auf dem breiten Bergrücken und folgen den Markierungen hinab. Nach ca. 1 Stunde 30 Minuten erreichen wir die Tilisunahütte (2208 m, Tel.: 0043 (0) 664 1107 9695; h.fitsch@tilisunahuette.at).

5. Tag
Tilisunahütte (2208 m) – Schwarzhornsattel (2166 m) – Tobelsee (2043 m) – Alpila (1688 m)
Alternative: Tschaggunser Mittagsspitze (2168 m) – Alpila (1688 m) – Punkt (1168 m) – Parkplatz

Gehzeit: 2–3 Stunden
Aufstieg: ca. 50 Höhenmeter

Von der Tilisunahütte (2208 m) gehen wir zunächst leicht absteigend auf 2117 m auf den Pfad hinauf zum Schwarzhornsattel (2166 m). Von hier kann die Alternative zur Tschaggunser Mittagsspitze über den Gratverlauf gewählt werden. Wir steigen aber gleich zum schön gelegenen Tobelsee und über die Alpila, bei der man eine kleine Abkürzung über den Wiesenpfad nehmen kann, weiter hinab zum Weg unseres Aufstiegs am ersten Tag. Von hier zurück zum Parkplatz.

Mit einer Gruppe unterwegs – Hinweise für Leiterinnen und Leiter

Alles hat seine Stunde.
Für jedes Geschehen unter dem Himmel
gibt es eine bestimmte Zeit …

Kohelet 3,1

Gestaltung der Tage

Es gibt hinsichtlich der tageszeitlichen Gestaltung von Bergexerzitien kein exemplarisches Muster, das sinnvoll für die Durchführung vorzugeben ist. Zu unterschiedlich ist die Art und Weise des Unterwegsseins, je nach Gruppe oder Einzelnem.

Die Gestaltung der Tage ist damit keineswegs willkürlich. Es gibt Elemente, die jeden Tag im Gebirge prägen: Zeiten der Stille und Einsamkeit wechseln mit Zeiten des Gesprächs und der Begegnung; Zeiten einer ausdrücklichen Sprache zu Gott in Gebeten und biblischen Texten wechseln mit Zeiten der inneren, stummen Gottesbegegnung; und Zeiten eines fordernden, mühsamen, gefahrvollen Weges prägen diese Tage ebenso wie Zeiten, in denen das Gehen leicht und frei wird, als läge keinerlei Mühe und Beschwerlichkeit darin.

Entsprechend dieser grundlegenden methodischen Vorgabe sollen im Folgenden anstelle der Vorstellung eines festen Tagesablaufes nur einige wenige Bemerkungen zu den einzelnen Elementen des Exerzitienweges als Anregung für die Tagesgestaltung dienen.

Thema

Sind Sie mehrere Tage unterwegs, bietet es sich an, jeden Tag unter ein Thema zu stellen. Auch für die Gestaltung kürzerer Touren ist diese Zuordnung sinnvoll. Versuchen Sie nicht, einen Tag mit mehreren Themen zu füllen. Vielleicht finden Sie zudem noch einen ›Titel‹ für Ihren Weg durch die Berge, ein Thema also, in dem die Einzelthemen verbunden und zusammengefasst sind.

Texte

Sie müssen entscheiden, wie Sie Texte unterwegs einsetzen. Es ist sinnvoll, zu jedem Thema nur einen Text auszuwählen, der das Thema des Tages entwirft. Sie können den Text beispielsweise in der Gruppe am Beginn des täglichen Weges gemeinsam lesen und eine kurze Einführung in das Thema des Tages anschließen oder auch ausschließlich als Anregung zum Selbststudium jedes Einzelnen im Laufe des Tages einsetzen.

Textmaterial finden Sie zu den einzelnen Themen im Kapitel II dieses Buches. Zur weiteren Anregung beachten Sie bitte auch die Literaturhinweise im Anhang.

Schweigen und Stille

Bergexerzitien, in einer Gruppe durchgeführt, sind meist keine Schweigeexerzitien. Es gibt immer wieder Abschnitte des Weges, die anspruchsvoll sind und Kommunikation in der Gruppe notwendig machen. Weiterhin ist es schwer realisierbar, am Abend auf den Hütten als ›schweigende Gruppe‹ aufzutreten. Gleichwohl ist es aber gut, in der Gruppe Schweigezeiten auf dem täglichen Weg zu vereinbaren. Hierzu eignen sich einfachere Wegstücke, auf denen es dann auch problemlos möglich ist, sich eine Zeit lang zu ›vereinzeln‹, das heißt, dass jeder seinen eigenen Rhythmus im Abstand zu den anderen Teilnehmern der Gruppe geht.

Das Vorhaben, die Zeit in den Bergen (fast) ausschließlich schweigend zu verbringen, ist eine besondere Herausforderung. Ein fester Standort mit eigenem Raum zum Essen und zur Meditation ist notwendig, gerade auch bei schlechtem Wetter. Die geistliche Begleitung, wichtig bei allen Formen von Exerzitien, erhält eine noch herausragendere Bedeutung. Und die Unterscheidung zwischen Schweigen und Stille zeigt sich in neuer Qualität. Notwendige Hinweise auf dem Weg brechen zwar das Schweigen, sind aber zugleich eine Herausforderung, in der Stille zu bleiben oder möglichst schnell wieder in sie zurückzukehren.

Reflexion

In der Gruppe ist die Reflexion, das Gespräch über das Erlebte, am Ende des Tages wichtig. Sind Sie als Leiter für eine Gruppe zuständig, ist es hilfreich, sich für eine Reflexion mit allen Teilnehmern Impulsfragen zu überlegen. Dieser gemeinsame Teil kann mit einem Dank- und Segensgebet abgeschlossen werden.

Gebet

Auch – und vielleicht besonders – hier gilt es, die eigene Form der Gestaltung zu finden. Als feste Gebetszeiten in der Gruppe haben wir auf unseren Touren den Morgen und Abend gewählt. Viele Psalmtexte eignen sich für das Gebet am Beginn und Ende des Tages (beispielsweise der »Bergsegen«, Psalm 121. Ein Morgengebet finden Sie auch im Anschluss an diesen Abschnitt.

Vielleicht ergibt sich in diesen Tagen auch die Möglichkeit, einen Gottesdienst zu feiern.

Gehen

Sind Sie von Hütte zu Hütte unterwegs, ist eine tägliche Gehzeit von fünf bis sieben Stunden (ohne Pausen) sinnvoll.

Für das Gehen in der Gruppe bei Bergexerzitien bieten sich zwei Varianten an:

- *Selbstständiges Gehen zwischen bestimmten Punkten:* Die Gruppe vereinbart einen Treffpunkt. Auf dem Wegstück dorthin geht jeder Teilnehmer selbstständig, auch mit größerem Abstand. Ein Leiter sollte der Gruppe folgen. Wichtig ist bei dieser Methode, dass der Weg einfach und der Verlauf eindeutig ist. Es darf keine Passagen geben,

die eine sicherungstechnische Betreuung erforderlich machen könnten. Vor allem für die Zeiten, in denen am Tag schweigend gegangen wird, bietet sich diese Variante an.
- *Geschlossenes Gehen:* Die Gruppe bleibt zusammen. Besonders bei anspruchsvolleren Wegabschnitten und schlechten Wetterverhältnissen (Nebel, Gewittergefahr) ist diese Führungstechnik die Methode der Wahl.

Morgenlicht

Beim aufgehenden Morgenlicht preisen wir
dich, o Herr;
Denn du bist der Erlöser der ganzen
Schöpfung.
Schenk uns in deiner Barmherzigkeit
einen Tag, erfüllt mit deinem Frieden.
Vergib uns unsere Schuld.
Lass unsere Hoffnung nicht scheitern.
Verbirg dich nicht vor uns.
In deiner sorgenden Liebe trägst du uns;
lass nicht ab von uns.
Du allein kennst unsere Schwäche.
O Gott, verlass uns nicht.
Amen.

Altes Gebet der ostsyrischen Christen beim ersten Morgenlicht

Sicherheit und Ausrüstung

Das Gehen auf Wegen durchs Gebirge bedarf genauer Vorplanungen im Hinblick auf Bekleidung, sonstige für die geplante Art von Touren notwendige Ausrüstungsgegenstände, Einschätzung der physischen und psychischen Herausforderungen, Unterkunft, Verpflegung, Orientierung und Wetter. Das gilt insbesondere für diejenigen, die eine Gruppe anführen. Neben der geistlichen Kompetenz des Leiters oder der Leiterin, die bei spirituellen Unternehmungen selbstverständlich vorausgesetzt ist, wird von ihm oder von ihr besonders auch die Fähigkeit gefordert, Menschen sicher durch alpines Gelände zu führen.

Im Folgenden sollen einige Hinweise für Leiter von Gruppen im Gebirge gegeben werden.

Berge sind nicht fair oder unfair.
Sie sind gefährlich!
Dieses Hineintauchen in das Nichts
an den großen Bergen.
Da oben habe ich mich nicht gefragt,
warum ich das tue, warum ich da bin.
Das Steigen, die Konzentration,
das Sich-Aufwärtsmühen waren die Antwort.
Ich selbst war die Antwort,
die Frage war aufgehoben.

Reinhold Messner

Grundlegend sind Rucksack, Bergschuhe, gebirgstaugliche Funktionsbekleidung, Sonnenschutz sowie die Verpflichtung, bei den Teilnehmern auf geeignete Ausrüstung zu achten.

Eine Vorbesprechung, bei der auf alle Notwendigkeiten hingewiesen wird, ist deshalb sehr zu empfehlen. Bei dieser Vorbesprechung können zudem bergsteigerische Vorerfahrungen abgefragt und falschen Erwartungen vorgebeugt werden. Ist ein Treffen der Beteiligten nicht möglich, so ist schriftlich auf Herausforderungen der Tour und die damit geforderte Ausrüstung hinzuweisen. Die BergwanderCard des Deutschen Alpenvereins kann ein hilfreiches Mittel sein, damit die Teilnehmer ihre konditionellen und technischen Fähigkeiten überprüfen können.

Es darf bei der Ausrüstung Erste-Hilfe-Material nicht fehlen, zudem ausreichend Blasenpflaster, sterile Zellstoff-Mullkompressen (10×10 cm), Leukoplast (mindestens 2,5 cm breit), eine elastische Binde, Verbandspäckchen mit steriler

Wundauflage, Dreieckstuch und Rettungsdecke. Hilfreich kann auch ein Biwacksack sein. Auf Schmerzmittel, Mittel gegen Durchfall und sonstige persönliche Medikamente sind die Teilnehmer hinzuweisen.

Die Leiterin oder der Leiter einer Gruppe muss Erste-Hilfe- und Bergrettungskenntnisse haben.

Ein Seil mitzunehmen kann hilfreich sein, wenn der Weg durch stark exponiertes Gelände, durch Geländesteilheit oder Wegunterbrechung einzelne Teilnehmer psychisch überfordert oder das Gehen nur mit Sicherung noch zu verantworten ist. Das Seil kann dann als Geländerseil, Fixseil oder im äußersten Falle als Ablasshilfe dienen, wozu der Einsatz von Sitzgurt, Bandschlinge und HMS-(Halb-Mast-Schlingen-)Karabiner nötig werden könnte.

Bei der Planung der Wegstrecke fängt die Sicherheit bereits bei der Führung einer Gruppe an. Unterkunft und Verpflegung, insbesondere ausreichendes Trinken, sind zu bedenken. Die schwächsten Mitglieder müssen das Maß für Länge der Wegstrecke, Häufigkeit der Pausen, Schwierigkeit des Geländes und psychologische Betreuung sein. Überlegt werden muss auch, wie viele Personen ich überhaupt verantwortlich mitnehmen kann.

Die Leiterin oder der Leiter sollte gerade bei den ersten Wegstrecken immer wieder einen Blick auf seine Teilnehmer werfen, wie sie sich im exponierten Gelände bewegen und welche Kondition bzw. Konditionslücken sie haben.

Zudem hat die Leiterin oder der Leiter eine Informationspflicht hinsichtlich des Routenverlaufs und der zu erwartenden Schwierigkeiten.

Besonderes Augenmerk müssen Sie während des Weges

auf mögliche Gefahrenstellen richten und entsprechend die Marschordnung bestimmen. In steinschlaggefährdeten Zonen muss dicht hintereinander gegangen werden, wenn zu erwarten ist, dass Gruppenmitglieder Steine lostreten. Demgegenüber kann es auf bestimmten Wegabschnitten sinnvoll sein, Leute einzeln gehen zu lassen, zum Beispiel durch kurze steile Rinnen, oder in größeren Abständen, wenn Steinschlag von oben zu befürchten ist. Hilfreich können Angaben sein, wie man sich in bestimmten Situationen verhalten muss, zum Beispiel beim Ausrutschen auf einem steilen Firnfeld. Selbstverständlich ist es Aufgabe der Leiter, eine sachgerechte Spur zu legen.

Unabdingbar ist es schließlich, als Leiter oder Leiterin genügend Bergerfahrung zu haben, um auch bei widrigen Wetterverhältnissen die Orientierung immer wieder zu finden, sowie die Wettervorhersage und die Wetterentwicklung während der Tour zu beachten und den Wegverlauf angemessen bestimmen zu können. Wer mit Gruppen im Hochgebirge unterwegs ist, sollte eine entsprechende Ausbildung bei einem Alpenverein absolvieren.

Als thematisch vertiefende Literatur empfehlen sich besonders folgende Bücher:

- Schrag, K.: *Bergwandern, Trekking.* München – Wien – Zürich, 7., neu bearbeitete Auflage 2006 (Alpin-Lehrplan Band 1).
- *DAV-Ausbilderhandbuch.* Praxis und Theorie. Methodische Hilfestellung und aktuelle Standards beim Bergsport, München 2005.

Weitere Literaturempfehlungen finden Sie auf S. 158.

Anhang

Literatur

Anonymus: *Die Großen Arcana des Tarot. Meditationen.* Mit einer Einführung von Hans Urs von Balthasar, Bd. 1, Basel 1983.

Benn, G.: *Gedichte.* In der Fassung der Erstdrucke, Frankfurt 1982.

Böhme, G.: *Natur vor uns.* Zug 2002.

Buber, M.: *Die Erzählungen der Chassidim,* Zürich 1949.

Büchner, G.: Lenz. *Der Hessische Landbote* (1834), Stuttgart 1957.

Dauer, T.: *Reinhard Karl – Ein Leben ohne Wenn und Aber*, Zürich 2002.

DAV-Ausbilderhandbuch. Praxis und Theorie. Methodische Hilfestellung und aktuelle Standards beim Bergsport, München 2005.

Domin, H.: *Sämtliche Gedichte,* Frankfurt a.M. 2009.

Falter, R.: »Berge. Versuch einer Wesensbeschreibung (I)«, in: *Novalis* 11/12 2000, 58–60.

Falter, R.: »Der Berg als Gott – Wahrnehmung und Darstellung der Berge in der Antike«, in: Berg 2001. (125), 222–237.

Gesner, K.: »Brief über die Bewunderung der Berge« (1555), u. a. in: *Frühe Zeugnisse* (Alpine Klassiker Bd. V), München 1986.

Govinda, L.A.: *Der Weg der weißen Wolke*, Bern/München/Wien 1985.

Guardini, R.: *Deutscher Psalter*, Theologische Gebete, Mainz 1998.

Hanh, Thich Nhat: *Ich pflanze ein Lächeln,* München 1992.

Hohl, L.: *Bergfahrt*, Frankfurt/Main 1975.

Jaffé, A.: *Erinnerungen, Träume, Gedanken von C.G. Jung,* Zürich/Düsseldorf 1999.

James, W.: *Die Vielfalt religiöser Erfahrungen* (1901), Frankfurt 1997.

Karl, R.: *Erlebnis Berg. Zeit zum Atmen*, München 1993.

Klier, W.: *Karwendel. Gebietsführer für Wanderer und Bergsteiger*, München 1986. 124 Anhang

Koop, C.: »Den Tod riskieren, das Leben gewinnen«, in: *DAV Panorama* 3/2000, 37–39.

Kraus, L./Schwiersch, M.: *Die Sprache der Berge*. Handbuch der alpinen Erlebnispädagogik, Ailing 1996.

Kreiner, A.: *Das wahre Antlitz Gottes,* Freiburg 2006.

Lexikon für Theologie und Kirche, Bd. 3, Freiburg/Basel 1983.

Marti, K.: *Namenszug mit Mond. Gedichte,* Zürich 1996.

Messner, R.: *Alleingang. Nanga Parbat*, München 1979.

Messner, R.: *Der gläserne Horizont*, München 1982.

Messner, R.: *Grenzbereich Todeszone*, Köln 1987.

Mundy, L.: *Das Geh-Betbuch. Wie beten geht, wenn man geht*, Freiburg/Basel 1998.

Nietzsche, F.: *Also sprach Zarathustra*, Stuttgart 1983.
Pause, W.: *Münchner Hausberge*, München 1978.
Petraca, F.: *Die Besteigung des Mont Ventoux* (1336), München 1936.
Peskoller, H.: *BergDenken*, Wien 1997.
Peskoller, H.: »Bergeinsamkeit. Messners Scheitern am nackten Berg – Eine Dekonstruktion«, in: *Reinhold Messners Philosophie*, hrsg. v. V. Caysa / W. Schmid, Frankfurt 2002, 76–114.
Popke, M.: »Berge in Mythos und Geschichte des alten Orients«, in: *Berg* 92 (116), 283–288.
Precht, A.: »Klettern am Hochkönig«, in: *Berg* 2002 (126), 29–45.
Rahner, K.: *Alltägliche Dinge, Theologische Meditationen*, Einsiedeln/Köln/Zürich (o.J.).
Rahner, K.: S *Schriften VII*, Einsiedeln-Zürich 1968.
Rilke, R.M.: *Werke I, Gedichte 1. Teil*, Frankfurt 1955.
Ritzhaupt, F.: *Wegzeichen. Bergsteigen und christliche Existenz*, Bozen 1980.
Schmitz, H.: *System der Philosophie*, Bd. 3, 2. Teil, »Der Gefühlsraum«, Bonn 1981.
Schrag, K.: *Bergwandern, Trekking*, München – Wien – Zürich 2001 (Alpin-Lehrplan Band 1).
Schwan, A.: *Und jeden Tag mehr leben*, Freiburg 2007.
Schubert, P. / Stückl, P.: *Sicherheit am Berg*. Ausrüstung, Sicherung, München – Wien – Zürich [3]1999 (Alpin-Lehrplan Band 5).
Schwarz, A.: *Und jeden Tag mehr leben*, Freiburg 2007
Simmel, G.: »Das Abenteuer«, in: ders.: *Philosophische Kultur* (1911), Berlin 1998, 25–37.
Simmel, G.: »Die Alpen«, in: ders.: *Philosophische Kultur* (1911), Berlin 1998, 125–130.
Stecher, R.: *Botschaft Berge*, Innsbruck/Wien [10]1994.
Tillich, P.: *In der Tiefe ist Wahrheit*, Stuttgart 1978.
Tomberg, V.: »Der Odem des Lebens«, in: *Lazarus, komm heraus*, Freiburg/Basel 1985, 223–235.
Wozniakowski, J.: *Die Wildnis*. Zur Deutungsgeschichte des Berges in der europäischen Neuzeit, Frankfurt 1987.

Bildnachweis

Bernhard Wiesner: S. 132,148,152

Knut Waldau und Helmut Betz: alle anderen Fotos

Kontaktadressen

(Stand: Sommer 2013)

Hütten

Die wohl kompletteste Zusammenstellung aller Berghütten in den Ostalpen findet sich in den beiden Bänden *Alpenvereinshütten* (Band I: Ostalpen, Band II: Südalpen), die im Bergverlag Rother erschienen sind. Viele DAV Sektionen bieten ihren Mitgliedern diese Führer zu Sonderkonditionen an.

Für die Westalpen gibt es entsprechende Hüttenverzeichnisse über den Buchhandel.

Auf der Suche nach einer kleineren Selbstversorgerhütte lohnt sich oft die Anfrage bei der eigenen, bzw. nächstliegenden Sektion des Deutschen Alpenvereins.

Wetter

Die aktuelle Ansage des Alpinwetterdienstes »Euromet-Alpin« kann unter folgender Rufnummer abgehört werden:

- Alpenwetter 0190-116011
- Ostalpen 0190-116018
- Schweiz 0190-116017

Preisgünstiger sind die Informationen im Internet erhältlich. Auf der Homepage des DAV (www.alpenverein.de) wird der Alpenwetterbericht des Wetterdienstes Innsbruck in der jeweils aktuellen Fassung veröffentlicht.

Alpine Auskunftsstellen

- DAV 089-294940
- OeAV 0512-587828
- AVS 0471-413809

Adressen alpiner Vereine

- Deutscher Alpenverein
  Von-Kahr-Str. 2–4
  80997 München
  Tel.: 089-14003-0
  www.alpenverein.de

- Österreichischer Alpenverein
  Wilhelm-Greil-Str. 15
  A-6010 Innsbruck
  Tel.: 0043-512-59547

- Alpenverein Südtirol
  Vintlerdurchgang 16
  I-39100 Bozen
  Tel.: 0039-0471-978114
  www.alpenverein.it

- Schweizer Alpenclub
  Monbijoustraße 61
  CH-3000 Bern 23
  Tel.: 0041-31-37018185
  www.sac-cas.ch

Angebot von Bergexerzitien

Die folgenden Angaben stellen nur eine kleine und unvollständige Auswahl dar. Es gibt sicher weitere Bildungs- und Exerzitienhäuser in Bergnähe, die Bergexerzitien anbieten.

Deutschland

- Aktionszentrum Benediktbeuern
  Don-Bosco-Str. 1
  83671 Benediktbeuern
  Tel.: 0 88 57-88-302-303
  www.aktionszentrum.de
- AK »Kirche und Sport« in München/Freising
  Preysingstr. 99
  81667 München
  Tel.: 0 89-4 80 92 13 46
- AK »Kirche und Sport« in Augsburg
  Don-Bosco-Platz 3
  86161 Augsburg
  Tel.: 08 21-43 80 46 15

Österreich

- Sankt Georgenberg in Schwaz bei Innsbruck
  Tel.: 0 52 42-63 27 63 35 (Kursinformation)
  www.st-georgenberg.at

Schweiz

- Notre-Dame de la Route
  17, chemin des Eux-Vives
  CH-1752 Villars-sur-Glane/Freiburg,
  Tel.: 0 26-40 97 50 05
  www.ndroute.ch

MIX
Papier aus verantwortungsvollen Quellen
FSC® C023164
www.fsc.org

Verlagsgruppe Random House FSC® N001967
Das für dieses Buch verwendete FSC®-zertifizierte Papier *Hello Fat matt* liefert Deutsche Papier.

Umschlag: Monika Neuser
Umschlagmotiv: Knut Waldau
Herstellung: René Fink
Druck und Bindung: Longo AG, Bozen
Printed in Italy
ISBN 978-3-466-37096-2

Weitere Informationen zu diesem Buch und unserem gesamten lieferbaren Programm finden Sie unter:
www.koesel.de